NHK出版 家庭園芸百科
7
初心者のための
松柏盆栽
小松正夫
NHK出版

家庭園芸百科⑦ 初心者のための松柏盆栽 目次

名盆栽観賞 6

クロマツ…6、7　ゴヨウマツ…8、9、11　シンパク…10　トショウ…12、13　エゾマツ…14　ツガ…15　スギ…16

松柏盆栽 鉢植えから盆栽へ 17

松柏盆栽とは…18　松柏盆栽に用いられる樹種…18　魅力…20　樹形…21

鉢植えから盆栽へ　ゴヨウマツを使って…23　4月…24　5月…26　6月…27　7月…28　8月…29　9月…30

10月…30　11月…31　12月…31　1月…32　2月…34　3月…34　2年目以降の管理…36

樹種別盆栽テクニック 39

クロマツ

プロフィール、育て方…40

盆栽テクニック＝美しい葉をつくる短葉法…42　葉すぐり／芽摘み／二度芽切り／芽かき／葉すかし

シンパク

プロフィール、育て方…48

盆栽テクニック＝さし木素材の樹格向上、ジンをつくる…50　整姿とジン彫刻／整姿後の針金かけ／他

トショウ

プロフィール、育て方…56

盆栽テクニック＝枝葉を調節する芽摘み法…58　立ち木から文人木へ…60　樹形変更への整姿／鉢映り

ゴヨウマツ

プロフィール、育て方…64

盆栽テクニック＝基本樹形づくりの針金かけ…66　根連なりを平石に…68

エゾマツ

プロフィール、育て方…70
盆栽テクニック＝さし木仕立て…72　さし木の実際／さし木素材の株分け

ヒノキ

プロフィール、育て方…76
盆栽テクニック＝景を楽しむ寄せ植えづくり…78　素材の選択と整姿作業／寄せ植えの実際

スギ

プロフィール、育て方…82
盆栽テクニック＝芽摘みと追い込み剪定…84

ツガ・コメツガ

プロフィール、育て方…86
盆栽テクニック＝最下部の枝を生かして双幹に…88

イチイ

プロフィール、育て方…90
盆栽テクニック＝庭木から盆栽へ…92

アカマツ

プロフィール、育て方…94
盆栽テクニック＝犠牲枝を利用した樹形づくり…96

［コラム］

自然樹から学ぶ①…55／自然樹から学ぶ②…69／そのほかの松柏盆栽樹種…98

松柏盆栽の育て方と楽しみ方　99

置き場…100　水やり…102　肥料、用土…104　病虫害…106　盆栽用具…108　植え替え…110　樹形づくり…114
種木の選び方、つくり方…118　鉢の種類と鉢映り…126　創作盆栽…130　盆栽の飾り…136

●初心者のための松柏盆栽用語解説…140

アートディレクター　山崎信成／レイアウト　hirotaS　山崎デザイン事務所／図版・イラスト　小柳吉次　江口あけみ
写真　鈴木康弘　蛭田有一　須藤昌人　福田稔／写真提供　㈳日本盆栽協会　二瓶淑夫　坂元永　桐沢博満　関根敏司　竹山浩
編集協力　田部井範夫　二重作嘉久子　鈴木順子　安藤幹江　森謙太郎／取材協力　江坂泰樹　群境介　高野光助　小松修　今井昭一

クロマツ

樹高(石とも)=80cm　石つき

鉢=朱泥長方

　太幹に見える幹は、石を抱き込んでいて、天然の石つき盆栽といえる木です。クロマツ特有の荒々しい樹皮と、屈曲した幹や太枝によって、豪壮で力強さにあふれた木となっています。クロマツは男松といわれる意味がよくわかる木です。

樹高＝70cm　模様木

クロマツ

鉢＝朱泥長方

典型的なクロマツ模様木です。根張りも四方に張り、力強い立ち上がり、角度のよい幹模様がよく調和しています。さらにさし枝ともいえる右の下枝と左側の締まった枝のバランスにも変化があり、安定感のある樹形となっています。

ゴヨウマツ

樹高＝60cm　根連なり
鉢＝紫泥長方

海岸の〈白砂青松〉が連想される樹形です。このような多幹樹形は、太細、高低の変化が大切で、主木は太さ、高さともに一番大きなものが1本必要になります。鉢は、このように浅くて、場面の広いものが風景をよく表してくれます。

ゴヨウマツ

樹高＝100 cm　文人木

鉢＝南蛮皿

洒脱な木の典型といえる樹形です。文人木は、細めの幹と、少ない枝、そして幹の荒れた古木であることが条件となり、鉢も軽い感じのものがよく似合います。この木は文人木の要素を備えており、根元のコケによって古木感が増しています。

シンパク

樹高＝60cm　サバ幹

鉢＝紫泥長方

シンパクやトショウの古木の特徴であるサバ幹が、根元から樹冠部までよく見えています。枝配りは、その木の特徴を生かすように行うことが大切です。豊富な枝葉は、肥培、芽摘み、水やり等の培養管理の成果の表れです。

スッキリと立ち上がった五本立ちの株立ちです。下枝の位置が高く、素直な幹立ちと主木の左から出た長い枝が特徴です。幹の太細、枝の長短にも変化があり、バランスのよい仕上がりです。鉢への植えつけの位置も申し分ありません。

ゴヨウマツ

樹高＝100cm　五幹

鉢＝紫泥長方

トショウ

樹高＝70cm　サバ幹

鉢＝紫泥楕円

樹齢数百年と思われる、サバ幹のトショウ古木です。サバの白、水吸い部の茶、葉の緑と配色も落ち着いて、松柏盆栽の魅力が表れています。丹念な芽摘みによって枝配りや、小枝の分かれがよく見え、美しい樹形となっています。

トショウ

上下＝80cm　懸崖
鉢＝和輪花式

細い幹が捩転し、屈曲している風変わりな、自然の幹芸がこの木の見どころです。細いサバ幹にジンもところどころ見え、アクセントになっています。懸崖は下がった重心を支えるために、やや深めの鉢に植えると安定感が出ます。

エゾマツ

樹高＝70cm　斜幹
鉢＝和正方

この太さと高さの幹に、このような幹模様のある木は、ごく少ないものです。整った枝配りと丹精によって、密な小枝と葉がすばらしい培養状態を表して美しい樹姿となっています。

締まった鉢によって幹の力強さが強調されています。

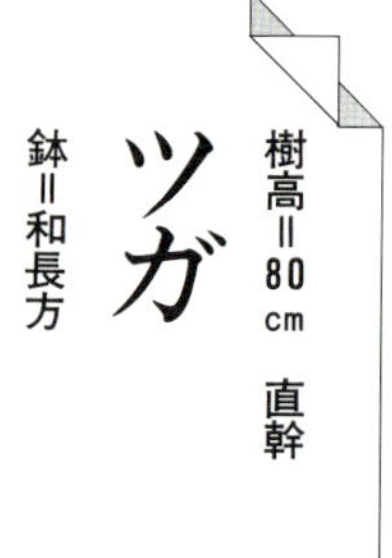

ツガ

樹高＝80cm　直幹

鉢＝和長方

盆栽界でのツガの名品です。立ち上がりや枝分かれも力強いのは、長年の鉢培養の結果で、それが密な小枝にも表れています。樹高のわりに幹の太い木が尊ばれるのは、つくるのが難しく、年数がかかるからともいえます。

スギ

樹高＝80cm　株立ち
鉢＝白交趾楕円

冬のスギは、日光に当てると薄い茶褐色となり、渋い味わいが出てくるものです。自然のスギのように直立した幹、巧みな枝配りによってつくられた古木らしい樹姿が見どころです。場面の広い鉢によって景色の広がりが感じられます。

松柏盆栽
鉢植えから盆栽へ

風雪にさらされて根を露出したゴヨウマツ。自然が織り成す根の芸は盆栽づくりの範としたい造形美

松柏盆栽とは

盆栽は大きく分けると5つのグループがあります。

葉の色や形とともに枝先の細やかさを楽しむ雑木盆栽、花の美しさを楽しむ花もの盆栽、実なりの風情を楽しむ実もの盆栽、草本性の植物を楽しむ草もの盆栽、そして常緑針葉樹を対象にする松柏盆栽がその5つのグループになります。

これらのグループのなかでも松柏盆栽は最も盆栽らしいイメージをもたれているといっても過言ではないでしょう。では、松柏盆栽とはどのような特徴があるのでしょうか。

松柏盆栽に用いられる樹種

松柏盆栽という言葉を聞くと、マツ類と柏類に分けられると思われる人がいるのではないでしょうか。ところが、盆栽界ではこのマツ類と柏類とを別に呼ぶことはまれなことです。

マツ類の代表といえるゴヨウマツでも、柏類の代表といえるシンパクでも、どちらも、松柏盆栽とひとまとめにします。

時代感のある幹肌とよく整理された枝葉のアップ

実際のところ、育て方や観賞のポイントにそれほどの違いがあるわけではなく、愛好家もマツ類と柏類とを分けて考えることはないでしょう。

ただし、作業的に注意しなくてはならない点もあります。それはマツ類は4～5月に芽が一度伸びるだけなのに対し、柏類は4～9月まで芽が伸び続けることです。マツ類は芽切りを行い、柏類は芽摘みを続けて行い枝葉を調節するのも、この新芽の伸び方に違いがあるからです。

マツのグループには、ゴヨウマツ、クロマツ、ニシキマツ、アカマツ、エゾマツ、ツガ・コメツガ、イチイなどが、柏のグループとしては、シンパク、トショウ、スギ、ヒノキ、ソナレ、チャボヒバなどがあります。マツの仲間でも、冬に落葉するカラマツやメタセコイアがあり、ごくまれにヒマラヤスギ、リュウキュウマツ、ハイマツなどがあげられます。

盆栽は樹種よりも樹形で観賞価値が決められます。少ない樹種だからといって

松柏ならではのジン・シャリの芸

珍重されるわけではありませんが、愛好家なら未知の樹種に挑戦するのも楽しみ方の一つでしょう。

■松柏盆栽の魅力

盆栽の見どころとしてあげられるのは根張り、立ち上がり、幹のこけ順、枝配り、古い幹肌、よく整理された枝葉などです。これは松柏盆栽も同じことがいえ、むしろ松柏盆栽は雑木などほかのグループに比べて古木が多いだけに、樹肌が荒れるなどの見どころの各要素にすぐれているといえるでしょう。

そのほか松柏盆栽の魅力としてあげられるのは寿命の長さです。松柏類は常盤木と呼ばれるように、常に変わらぬ緑葉のまま長い月日を重ねます。盆栽として鉢に植えつけられてもこれは同様で、樹性強健なものが多く、鉢での木づくりにもよく耐えます、したがって、樹齢のあるものが多くなり持ち込みの味わいにすぐれた盆栽が多いのは松柏盆栽の魅力です。

次にジン・シャリの芸に富むのも松柏

地をつかむような根張り

盆栽の魅力です。自然界でもジン・シャリをさらすものが見られますが、松柏類は木質が堅いので朽ちた枝や幹がそのまま残ってジン・シャリになります。シンパクやトショウなどではサバ幹になったものも見られますが、このような芸は松柏類の独壇場といえるでしょう。

ほかにも病虫害に強い、置き場の条件をあまり考えなくてもよいなど松柏の魅力を数えたらきりがありません。とにかく、初心者にもつくりやすいのが松柏盆栽の最大の魅力といえるでしょう。

■松柏盆栽の樹形

松柏盆栽の特徴として樹形の多様さがあります。松柏盆栽の樹形は盆栽の樹形となりますから詳述は避けますが、基本的な樹形について説明しましょう。

●直幹　すべての樹形の基本となる樹形です。根張り、枝配り、幹のこけ順のよさが問われる樹形です。

●模様木　幹に模様があり、大きく湾曲しても、根元の中心と樹芯の中心が垂直

松柏盆栽の樹形

になるのが理想です。枝順が大切で一の枝、二の枝、三の枝といくにしたがってだんだんに細く短くなるようにします。

●文人木　枝の少ない幹が細長く伸び出し、幹に薄模様があるのが特徴です。植えつけ角度もまっすぐでなく、多少左右いずれかに傾けます。

●懸崖　全体的に枝葉が下垂する樹形で鉢縁よりも木の先端が垂れ下がったものを呼びます。また、鉢縁の上まで垂れ下がった樹形は半懸崖と呼びます。

●多幹もの　幹の数によって双幹、三幹、五幹、七幹と呼び、それ以上は株立ちと呼ぶのが普通です。

ほかにも、吹き流し、立ち木、斜幹、根上がり、根連なり、筏吹きなどがあり、木の特徴を生かして樹形の基本に合わせていくのが大切なポイントになります。

松柏盆栽は樹形の幅が広いので、いろいろな樹形のものを集めて、木づくりを行っていくのもよいでしょう。

鉢植えから盆栽へ

◉ゴヨウマツを使って

だれもが見向きもしなかった鉢植え素材を、樹形を楽しめる盆栽に仕立てる――これは愛好家ならぜひともチャレンジしてみたいことでしょう。しかし、それには時間と手間がかかり、とても難しいのではと思われる方も多いはずです。実際、盆栽づくりには手間を惜しめませんが、思いのほか短時間でしかも難しい技術を使わずとも「鉢植えから盆栽へ」は可能なものもあるのです。ここでは年間の作業を追いながら、鉢植え素材を盆栽へと変えていきます。

4 月の作業
太枝の剪定、芽摘み

ここで取り上げるゴヨウマツは、四国産で樹高50cm程度のものです。実生後約30年ほどと見られ基本的な骨格づくり(基本樹形)はなされています。

ただし、その後の管理が不十分なために枝葉は乱れ気味となっています。

盆栽素材として検討してみますと、立ち上がりから頂部へかけてゆるい曲があり、根張りも悪くありません。枝数が多いのも、盆栽づくりには好都合で、将来の期待がもてる素材といえるでしょう。

新芽が伸び出している時期なので、まず芽摘みを行いました。勢いのある上部は強めに芽を摘み、勢いの弱い下部は軽めに摘んでいます。

芽摘みと同時に剪定を行いましたが、これは本格的なものではなく、樹形上明らかに難のある忌み枝などの不要枝にとどめています。

素材の右方向から

作業前正面。樹高50cmほどの四国産の購入素材。幹模様に見どころがあるので，それを生かして樹形づくりの作業を行っていく

素材の左方向から

作業前裏面。裏から見ても枝数は多く，奥行きも十分で，全体に広がりをもっている

❺ 作業終了後。芽摘みとともに忌み枝など不要枝の剪定も行った。最下部の忌み枝であるかんぬきになった部分の左の枝を落としている

左下枝の切除後。かんぬき状になっていた左側最下部を多少えぐり気味に切り落として，肉巻き後に傷跡がみにくくなるのを防ぐ

芽摘み

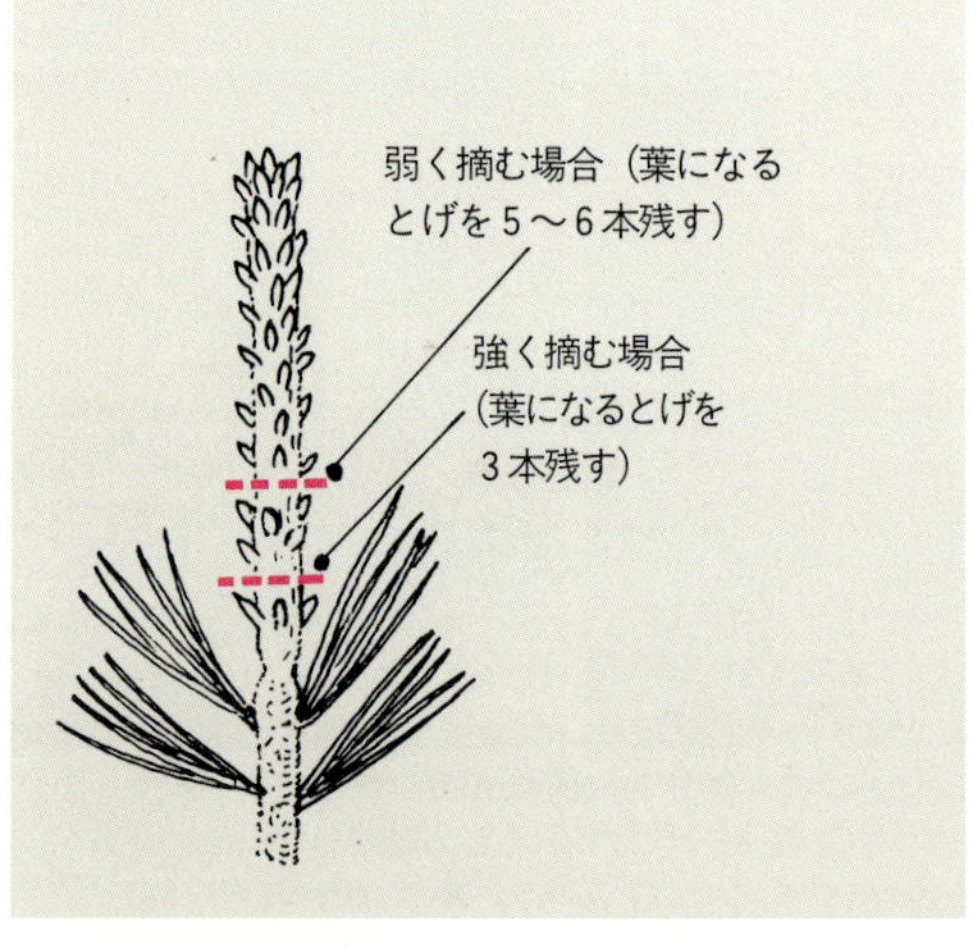

❶ 芽摘み作業前。勢いのよい上部ではすでに新芽が伸び出している

❷ 芽摘み作業。摘みたい位置の少し上を指で軽く押さえる

❸ 芽の切り離し。ゴヨウマツでは新芽のとげの部分を少し残すのがポイント

❹ 芽摘み作業後。同じ樹勢の部分は芽の長さをそろえておく

5月の作業
中芽切り

ゴヨウマツは、ほかの松柏類に比べると芽の伸長がおだやかな樹種といえるでしょう。新芽が伸び出す4月に行う芽摘みと、5月に行う中芽切りがその主な作業となります。

作業のポイント 伸び出した新芽を3葉ほど残して、摘み取りますが、作業は強い部分だけに限ります。

❶ 作業前正面。4月に芽摘みを行った部分はほとんど落ち着いたが、新たに新芽が伸び出しているところも見られる

❷ 新たに伸び出した芽。放置しておくと，枝が必要以上に徒長するので中芽切りを行う

❸ 作業後。勢いをつけたい部分以外はこのように中芽切りを行い，枝葉の伸長を抑制する

❹ 作業後正面

中芽切り

6 月の作業
徒長枝の剪定

盆樹にとっても枝葉の調節は欠かせない作業で、6月も主な作業としては、徒長枝の剪定という枝葉の調節に関するものがあげられます。

作業のポイント　芽摘み、中芽切り後に伸び出してくる徒長枝を枝元か枝の途中であれば、芽のすぐ上で剪定します。

❷ 伸びた徒長枝の状態。そのままでは、強い枝がますます強くなっていく

❸ 徒長枝の剪定。芽摘みバサミを用いて新葉を3本残して切除していく

❹ 作業後。ほかの必要な枝葉を間違って傷つけないように注意したい

切除後の傷跡の様子。4月に剪定してから2か月たつが，肉巻きは見られない

❶ 作業前裏面。整姿作業を行うときは、正面だけでなく裏面など全体を細かく観察してから行う

❺ 作業後裏面。徒長枝の剪定は全体に行い、切り残しのないように

7月の作業

病虫害の防除

今年の新葉も伸びが止まり、ゴヨウマツの名前のごとくに5本の葉に展開するのがだいたい7月ごろになります。その意味では枝葉が落ち着く時期となりますので、7月には特別な整姿上の作業は行いません。

なお、6～7月は梅雨期にあたり、病虫害の発生が多発します。このゴヨウマツも細かく観察すると病害に侵されています。

❶素材正面。全体的には6月とほとんど変わらない

作業のポイント　マツの葉ふるい病が出たので、すぐに被害にかかった葉を摘み取るという防除処置を行いました。作業後は、ボルドー液や銅製剤などの適応薬剤を散布し、殺菌、予防の処置を行いました。

なお、ボルドー液や銅製剤は予防薬ともなりますので、新葉が伸びる6～7月いっぱいまでは1週間～10日ほどの間隔で散布したほうがよいでしょう。

❷マツの葉ふるい病の症状。茶褐色になったところが病気に侵されている。このままでは病害が素材全体に影響を与える

❸防除処置。被害の出たところをピンセットなどで摘んでいく。病気の葉を残さないように注意。摘んだ葉は焼却する

葉の状態。春から伸び出した新芽が7月になって5葉に展開した

3か月を経た太枝切除後の様子

8 月の作業
古葉取り

8月になりますと、新葉が今年葉として充実してきます。そして、この時期には、今年葉、前年葉、三年葉とでゴヨウマツの葉は構成されていることになります。三年葉は放っておいても秋には落ちてしまいますが、通風・日照をよくするため8月に切除するのもよいでしょう。

作業のポイント　小さな剪定バサミで不要な三年葉を切除していきます。誤って小枝を傷つけないように注意しましょう。

❶ 素材正面。8月を迎えて枝葉が固まってきている

4か月を経た太枝切除後の様子

❸ 古葉取り作業。小さめの剪定バサミを用いて三年葉だけを整理する

❷ 今年葉，前年葉，三年葉が伸びそろった枝棚。少し葉が込んでいる

❹ 古葉取り作業後。三年葉，前年葉，今年葉で構成されたものから，前年葉，今年葉だけが残った状態

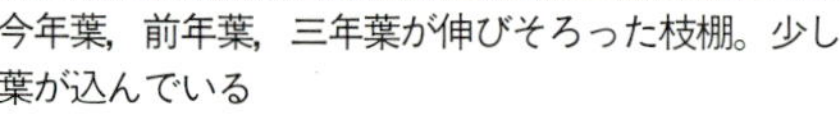

9月の作業 秋の施肥

一般にゴヨウマツは、春の施肥は葉が伸びすぎるので控えめにしますが、9月以降の秋に施す肥料は春よりも多めにします。

作業のポイント　鉢縁に玉肥を古木で春1～2個、秋2～3個、半完成木で春2～3個、秋4～5個、若木で春3～4個、秋5～6個を目安に置き肥します。

10月の作業 秋の枯れ葉取り

秋も深まると8月の古葉取りで取り残した三年葉が枯れ始めて、葉色も黄褐色に変わってきます。

この枯れた三年葉は、そのまま放置していても、11～12月になると落ちてしまうものです。

作業のポイント　枯れた三年葉を指かピンセットを使用して摘んでいきます。

❶ 作業前正面。春からの成長期を経て小枝の数もふえてきている

6か月を経た太枝切除後の様子

❷ 置き肥作業。径3㎝ほどの固形肥料を鉢の四隅に置く。10月までもつのでこれが今年最後の施肥となる

❶ 作業前正面。黄褐色になった三年葉が目立ち始めたら作業適期

❷ 枯れ葉取り作業。葉は上から今年葉、前年葉、三年葉。変色した三年葉をはさむようにして摘んでいく

11月の作業 枯れ葉取り

秋から冬にかけてさらに枯れ葉が目立ってきます。これも放置すると培養上好ましくありません。

作業のポイント　自然に枯れる葉以外に葉ふるい病の影響による枯れ葉が目立っています。これらは発見しだいピンセットなどを用いて早めに処置していくことが大切です。

12月の作業 冬期の管理

厳寒地を除いてゴヨウマツはそのまま戸外の棚場に置いてかまいません。ただし、風の通り道になるようなところは極端な乾燥を招くので、避けたほうが無難でしょう。

作業のポイント　そのほか、休眠期に入っているので肥料は施さず、水やりは1～2日に1回が目安になります。

❶ 作業前正面。全体では順調に生育を重ねているようだが，枝葉の先端では微妙な変化が見える

❷ 枝葉部のアップ。細部には葉ふるい病のため枯れた葉が目立つ

❸ 枯れ葉の処理。生き葉を傷つけないようピンセットで枯れ葉だけを摘む

❹ 枯れ葉取り作業後。緑葉のみが残り、培養上からも望ましい

8か月を経た太枝切除後の様子。成長期を過ぎてかなりの肉巻きが見られ切り口が小さくなった

12月の素材正面。戸外の棚に置かれているが、葉色はよく、寒害は見られない

1月の作業 整姿

❶ 作業前正面。春から順調に生育し，改作の時期を迎えた

❷ 頂部切除後のアップ。切除面上の枝を利用し，新たな樹芯を立て替える

❸ 頂部切除後。より大木感を出すために，樹高を大幅に詰めた

❹ 下枝のアップ。三年葉と前年葉で構成されるが、乱れが見られる

❺ 枝先の剪定作業。剪定後は針金をかけやすくするために三年葉を落とす

❻ 三年葉などの剪定作業後。次に針金かけに移る

このゴヨウマツでは、不要枝の剪定などはときに応じて行っていますので、ここでは樹形を整える針金かけと、樹高を詰める作業に伴う樹芯の立て替えが、主要な作業となります。

樹高を切り詰める意味は、幹模様や太さなどを強調して、より以上に木の大きさを表現することにあります。

作業のポイント 樹高を詰めるための樹芯の立て替えは、切り詰めたい部分の前枝を利用して行います。前枝を立てると切除面が後ろになり、目立たないからです。切除は斜めに行い、前枝を針金で立てて自然な感じにします。針金かけのポイントは、二叉に行うのは他の樹種と同様です。ゴヨウマツでは、枝の先端部を起こし気味（芽起こし）に行います。

❼ 幹途中までの針金かけ後。作業前後の枝を見ると，枝角度の違いがわかる

❽ 頂部を残しての針金かけ後。このような素材では，頂部の整姿がポイントになる

❾ 樹芯の立て替え後。新たな芯となる枝を針金で起こし気味にして自然な流れにする

❿ 下枝の針金整枝後。枝先を起こし気味に，二叉に分かれるよう針金がかけられた

⓫ 作業後。樹高が詰められ，各枝も整理されて，より盆栽らしい樹姿になった

樹芯の立て替えと芽起こし

2月の作業 冬期消毒

病虫害の多発する時期ばかりでなく、冬期（12月中旬～2月下旬）に行う消毒も病虫害の予防に大きな効果があります。また消毒に用いる石灰硫黄合剤は気温が低いと薬害を起こす心配がなくなります。

作業のポイント　石灰硫黄合剤は展着剤と混合、15～20倍液を使用します。鉢汚れを防ぐために新聞紙などで保護します。

3月の作業 鉢替えのための植え替え

盆栽では植え替えのことを「根の剪定」というくらいで、根の様子を細かく観察しながら行います。

作業のポイント　古土は根を傷めないように竹ばしなどでゆっくりほぐしていきます。底部の不要な根は適当な長さに切り詰めます。周辺部の側根の根切りには注意が必要です。交差根や絡み根などの忌み根は、将来に禍根を残しますので、植え替え時には整理しましょう。なお、このゴヨウマツ素材は、素焼き鉢から化粧鉢への鉢替えを行いました。現状では木に対して大きめのものが選ばれましたが、枝棚はすぐに充実しますので、このくらいの余裕をもった大きさが適当でしょう。

❶ 作業前正面。1月に整姿を行ったばかりなので保護室で管理

❷ 消毒液の散布。噴霧器などを利用して木全体にまんべんなく石灰硫黄合剤をかける

❶ 作業前。樹姿が整ったので、あとは鉢替えの作業を残すだけに

❷ 鉢抜き後。鉢から抜いた根鉢の状態

❻ 作業後の根鉢の様子。作業前に比べると，約半分ほどの古土が落とされている

❺ 表土に露出した不要根の整理。根張り部分では，絡み根や交差根などを切る

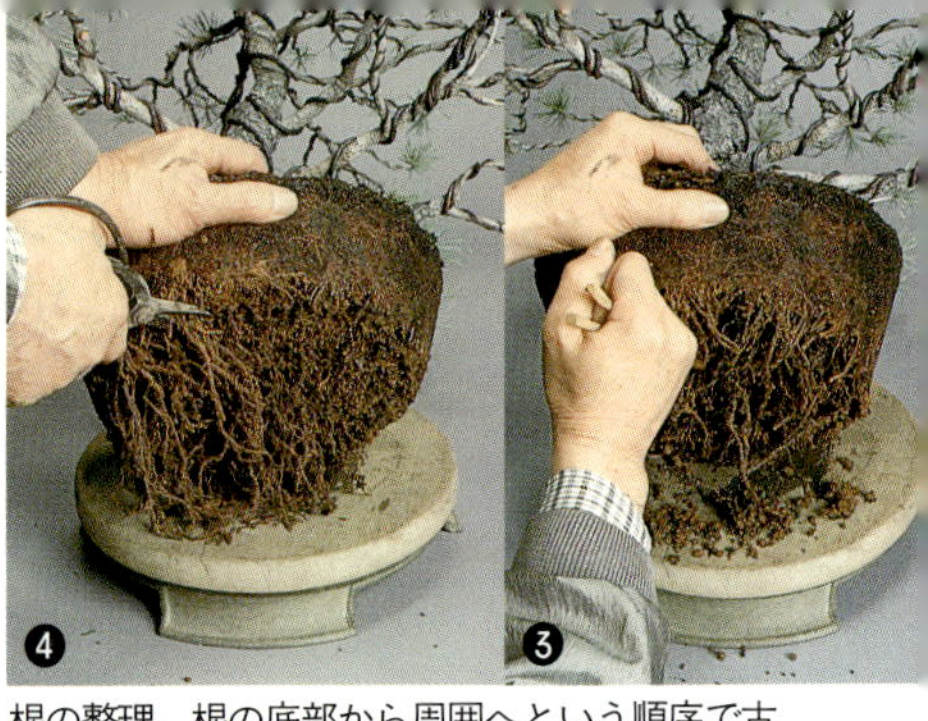

❸❹ 根の整理。根の底部から周囲へという順序で古土をほぐしていく。底部からあらかたの古土をほぐしたら剪定バサミを用いて伸びすぎた根を切る

❼ 新しい鉢と根鉢の大きさの確認。鉢替えをするので、根鉢を新しい鉢に入れて植えつけ可能であるかの確認

❽ 用土のすき込み作業。用土はすき間などが生じないよう，竹ばしなどで十分にすき込む。手で鉢をたたいてさらに用土にすき間をつくらないようにするのもよい

❾ 作業終了後。紫泥に近い長方鉢が選ばれた。今後はいっそうの枝葉の充実を待つ

1年を経た太枝切除後の様子

2 年目以降の管理

整姿後1年間は前年度と同じ作業を行い、枝葉の充実を待ちます。この時期は持ち込みが樹格を高めるときです。

針金整姿後6か月を経た樹姿。前年度と同様，芽摘み，中芽切り，古葉取りなどの枝葉の調節作業を行い，枝棚は充実してきている

針金整姿後1年を経た樹姿。針金の食い込みは見られないので，そのまま針金をかけた状態で管理してきた

◉針金はずし

針金の食い込みは見られませんが、針金整姿16か月を経たので念のために針金をはずします。

針金は針金はずしなどの道具を用いて切り、細かい部分は指先ではずします。作業中に木を傷めたのでは何のための作業かわかりません。作業は針金かけと同様にていねいに行いましょう。

❶ 針金整姿後。16か月を経た樹姿。新葉が伸び出し枝棚はさらに充実

❷ 針金切り作業。針金切りで幹や枝にかかっていた針金をはずす。幹に傷をつけないように注意する

❸ 針金はずし作業。指先で幹や枝元から枝葉先端部までの針金をはずす。作業は丹念にゆっくりと

❹ 針金はずし作業後。枝が下垂するなど針金かけの効果が不十分

❺ 枝途中の不定芽。この不定芽を利用して新しく枝芯にしていく

❻ 不要部の切除。不定芽の上で剪定

❼ 新しい枝芯。間のびを防ぐため不定芽を利用して枝の長さを詰めた

◉再針金かけ後

約30か月を経て、このゴヨウマツもだいぶ樹形が変わりました。「鉢植えから盆栽へ」は短期間ではありませんが、作業者の丹精に木は必ず応えてくれます。

針金整姿19か月後に再整姿を行った樹姿

同右方向から

同左方向から

再整姿後裏面から

同頂部から

樹種別盆栽テクニック

星霜に耐えるコメツガ。厳しい自然環境の中で樹高はないが，木肌の古さなどに老大樹の相がうかがえる

クロマツ

マツ科・マツ属（オマツ、オトコマツ）

黒松

［プロフィール］

北海道を除く日本各地の海岸沿いに自生して、古くから風景画などにも描かれている日本人になじみの深い樹種です。

盆栽でも人気が高く、いわゆる「松柏盆栽の王者」として多くの愛好家につくられている樹種です。別名を男松と呼ばれるように、男性的な線の太さ、どっしりとしたたたずまいはクロマツならではの魅力といえるでしょう。

人気の高さゆえに、素材も多く生産されており、種木の入手が楽なのもクロマツの長所です。また、クロマツはほかの松柏類に比べて木肌が古くなるのが早く、実生による素材づくりも盛んで、素質のよいものが多いのも特徴になります。

［育て方］

■培養のポイント

●置き場　なによりも日当たりのよいところが生育に欠かせない条件になります。通風のよいところを置き場にして、1年を通じて戸外の棚場で管理します。

●水やり　通常でも1日1～2回、夏場では3～4回の水やりが必要なほど、水を好む樹種です。多めの水やりを心がけるようにしましょう。また、厳暑期には1日1回くらいバケツなどに水をくみ、鉢ごとつけて十分に水を吸わせるのもよい方法です。

●肥料　水と同様に肥料も好みます。厳暑期を避けた3～11月に固形肥料を施肥しますが、ほかの樹種が鉢の四隅に1個ずつのところを少し量をふやして施肥します。

●病虫害　樹性が強健な木で、病虫害にはかかりにくい樹種です。ハダニと葉ふるい病ぐらいに注意すればよいでしょう。ハダニには殺ダニ専用剤、葉ふるい病には銅製剤などで駆除します。冬期の石灰硫黄合剤散布のほか、葉ふるい病には初

月	1	2	3	4	5	6	7	8	9	10	11	12
水やり	普通		多め							普通		
肥料			置き肥						置き肥			
置き場	戸外（日当たり・通風）											
その他の作業	植え替え						植え替え					
	剪定							剪定				
				針金かけ				針金かけ				
	短葉法作業（42ページ別表）											

クロマツ　樹高＝90cm　鉢＝和長方

夏の銅製剤に予防効果があります。

●植え替え　若木で2～3年に1回、古木では3～4年に1回が目安になります。水を好むクロマツにとって排水をよくするためにも植え替えは必要な作業です。

■樹形づくりのポイント

かつてクロマツの観賞上の欠点は葉が長すぎることでした。ところが40年ほど前に短葉法が発見されてからクロマツ唯一の欠点が解消されました。つまり、短葉法はクロマツが現在の人気樹種としての地位を確立するうえで大切な作業といえるでしょう。

短葉法とは葉すぐり、芽摘み、芽切り、芽かき、葉すかし（次ページ以降参照）までの一連の作業のことですが、この作業を行うには十分に樹勢をつけたものに行うのがポイントです。

なお、クロマツの剪定や針金かけはゴヨウマツなどに準じます。若い枝や若木の幹などは針金がよく効きますので、この点では樹形のつくりやすい樹種です。

「盆栽テクニック・美しい葉をつくる短葉法」

1 葉すぐり

クロマツの短葉法の作業ですが、1年のサイクルで見た場合、最も早く行うのが葉すぐりです。

これは、その春に伸び出す新芽に力をつけるため、余分な葉を摘み取る作業です。

作業のポイント　新芽が伸びる前の4月ごろか、6月の芽切り時に行います。前年に短葉法を行った木は前年葉を半分くらい、行わなかった木には前年葉を半分、三年葉をすべてピンセットを使って摘み取ります。だいたい半分ぐらいを摘むのが目安でしょう。

葉すぐり

作業前。5月に芽摘みを行っているが，枝葉は前年葉，三年葉で込み合っている

葉すぐり後。7～8本の前年葉を残したが，およそ半分ほどが整理された

短葉法

4月	5月	6月	7月	9月	11月
葉すぐり	芽摘み	1回目芽切り	10日ほど後に2回目芽切り	芽かき	葉すかし

2 芽摘み

クロマツの芽摘みは別名をミドリ摘み、ロウソク芽摘みとも呼ばれます。1本芽となって伸び出す新芽を途中から切除する作業ですが、これを放置すると強い芽に勢いが集中してしまいます。

作業のポイント　指などを用いて、強く伸び出す部分は深く、弱く伸び出す部分は軽く摘んで、樹勢の平均化を図ります。

また、この新芽の伸び出す勢いというのは若木や古木であるかによっても違い、それぞれの木によって調節していくことが大切です。

なお、新芽が伸び出る勢いはその木の状態を示す目安ともなります。短葉法を行うものには春先から肥料を施しますが、新芽が伸び出す時期になっても勢いのよい芽が出ないということは、その木の状態に問題があるともいえます。新芽の伸び出す勢いを見て、その年に短葉法を行うかを決定するのもよいでしょう。

芽摘み

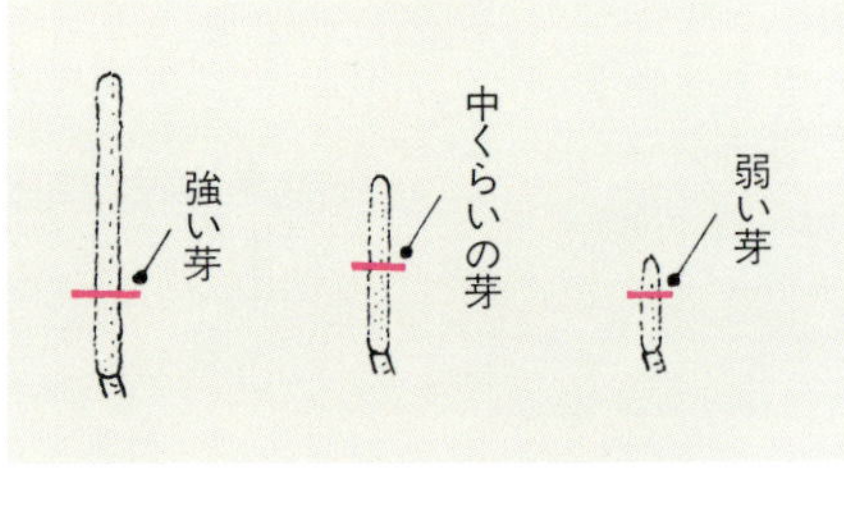

新芽の状態。勢いのあるところほど長めのものが伸び出し、弱いところほど短い

❷ 芽摘み。伸び出したロウソク芽の先端を指先でつまみ、摘み取る

❸ 芽摘み後。ロウソク芽の勢いが弱いところはそのまま残すなど，木の状態を見て全体の平均化を図る

3 二度芽切り

短葉法のなかでも、芽切りは葉の長さをそろえるために最も大切な作業です。

クロマツは5月に芽摘みを行ったものでも、6月になると勢いの強弱によって新芽が不ぞろいの長さになります。これをそのままにしておくと、葉の長さにばらつきが出てしまうので芽切りをして調節します。

芽切りにはすべての芽を切るか、強い芽だけを摘み取る一度芽切り、弱い芽を先に摘み強い芽をあとに残す二度芽切り、芽を弱中強に分けて摘んでいく三度芽切りがあります。最も一般的に行われているのがここで紹介する二度芽切りです。

作業のポイント　二度芽切りとは弱い芽から先に切り、10日～2週間ほど待って強い芽を切るという作業です。つまりは、強い部分の芽切りを遅らすことによって弱い芽の伸長と合わせるという時間差を利用した作業といえるでしょう。6月下旬～7月上旬に行います。

新芽の強弱。クロマツの場合には勢いによってこれだけ新芽の強弱が違ってくる

❶ 芽切り作業前。新芽が強弱をもって不ぞろいに伸び出している。5月に芽摘みを行っている

❷ 一度目の芽切り作業。芽摘みバサミを用いて弱い新芽から先に切り取る

芽切り

弱い芽を前年枝のすぐ上で切り詰める

❸ 芽切り作業後。強い芽を残して芽切りを終了したところ

二度目の芽切り作業。10日ほどを経て，強い芽の芽切りを行う

芽切り作業後のアップ。先に芽切りを行った部分の芽がすでに伸び出しかけている

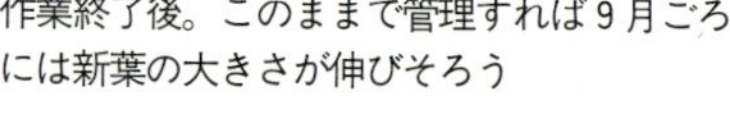

作業終了後。このままで管理すれば9月ごろには新葉の大きさが伸びそろう

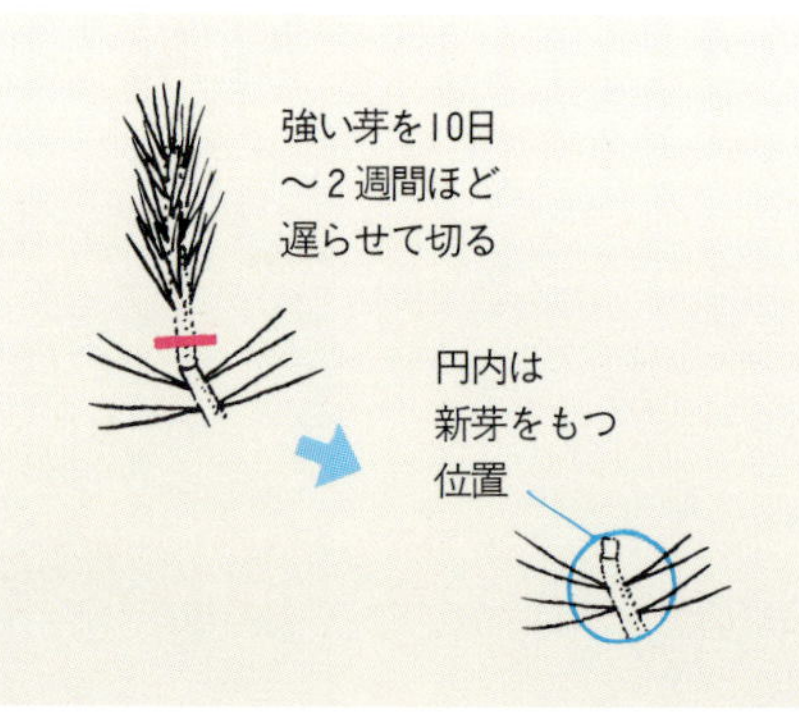

4 芽かき

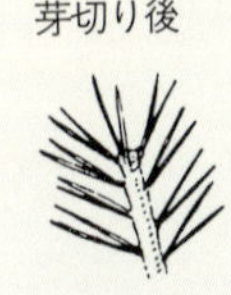

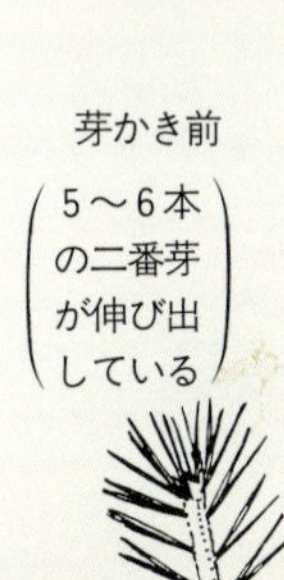

枝先の様子。6月に芽切りをした部分から生じた二番芽が3〜4本伸び固まって出ている

芽切り後に生じた二番芽も9月になるとだいぶ固まってきます。これが2芽ずつ伸びていれば理想的ですが、多いところでは5~6本伸びていることがあります。このままですと枝味を損ねるので9月ごろにこの芽をかいていきます。

作業のポイント　剪定バサミなどを用いて、2芽だけを残して不要な芽を切り取っていきます。

剪定バサミを用いて，不要な芽を切り取っていく

作業後。2芽だけを残して不要な二番芽が切除された

5 葉すかし

11月ごろになると、芽切りなど一連の短葉法を行った新葉も伸びそろい、充実して落ち着いてきます。

葉すかし。日照・通風を考えて葉の量を調節する。ピンセットで前年葉を引き抜くのがポイント

この時期では前年葉と新葉とで葉が構成されているのが普通ですが、日照や通風を考えると葉の量が多すぎます。前年葉は葉抜きを行い、全体の量を調節していきます。

❶ 今年葉が伸び出した部分。主に芽切りをかけなかったところなどに見られる

❷ 剪定バサミで葉を途中から切り落として，徒長を目立たないようにする

❸ 作業後。ほかの葉と長さがそろえられ見栄えの悪さが解消された

短葉法をかけない木(右)とかけた木。クロマツでは短葉法を用いないと葉が伸びすぎて見苦しくなる。用いた木と用いない木では写真のように違いが生じてしまう

ヒノキ科・ビャクシン属

シンパク

真柏(ミヤマビャクシン)

プロフィール

日本各地の高山に自生しますが東北地方では海岸でも見られます。植物名はミヤマビャクシン(深山柏槙)ですが、盆栽界では逆に読んでシンパクと呼びます。

葉性の細かさはいうまでもなく、成長につれて幹が曲がっていくという捻転する樹性、またジン・シャリの芸などと盆栽向きの樹種として古くから脚光を浴びていました。

シンパクの自生地である深山幽谷の風情を盆上に表現する木も多く、その点でも愛好者に人気の高い樹種です。

かつては山採りされた自然味のある名盆栽が世に出ましたが、現在ではさし木による繁殖でほとんどの素材がつくられています。そして、これらのさし木素材も培養法の向上により、自然味のあるものが多くなって初心者にも楽しめる樹種へと変わってきました。

育て方

■培養のポイント

●置き場　シンパクの特徴として清浄な空気を好むことがあげられます。置き場はまず第一に通風のよい場所を選ぶようにしましょう。そのほか日当たりのよい戸外の置き場で1年を通じて管理します。

●水やり　水は多めを心がけ、通常1日に1～2回、夏は1日に2～3回ぐらいが目安となります。また、葉水を好みますので、水やり以外にもときに応じて葉に水をかけてやるとよいでしょう。

●肥料　木を成長させたい若木を除いて、少なめの施肥でよいでしょう。3～5月と9～10月に月1回ぐらい固形肥料を施します。

●病虫害　病虫害には強い樹種ですが、ときにハダニがつきますので注意が必要です。発生したら殺ダニ専用剤で処置します。また、冬期の石灰硫黄合剤による

月	1	2	3	4	5	6	7	8	9	10	11	12
水やり	普通		多め							普通		
肥料			置き肥						置き肥			
置き場	戸外(日当たり・通風)								サバ幹ものは冬期保護			
その他の作業		剪定		植え替え					剪定	植え替え		
				針金かけ				針金かけ		芽摘み		

シンパク　樹高＝90cm　鉢＝和長方

消毒も効果的です。

●**植え替え**　細根の発根がよいので植え替えはほかの松柏樹種より多めに行うようにします。木の成長度によりますが、1～2年に1回ぐらいが目安となります。用土は赤玉土6～7、砂4～3が適当でしょう。

■**樹形づくりのポイント**

成長のよい木では枝葉が込みがちになりますので、剪定はまめに行いましょう。枝棚から上に伸び出す枝、下に伸び出す枝を剪定し、横に伸びる枝を残すのがコツです。また、シンパクは木質部が堅く、枯れた枝が朽ちずジンとなって残っているのは自然界にも見られることです。盆栽においても幹頂部や太枝を剪定するときに彫刻をして、天ジンや枝ジンにするのはよく行われる技法です。

針金かけで注意するのは葉性が細かいので葉を巻き込まないよう注意して行い、芽摘みは5～9月に新芽がたえず伸び出すので繰り返して行うようにしましょう。

「盆栽テクニック・さし木素材の樹格向上、ジンをつくる」

1 整姿とジン彫刻

シンパクなどのように木質の堅い樹性のものでは、整姿時に不要な幹の一部や太枝をジンにして自然味を出す方法がよく用いられます。

適期　10～3月の休眠期に行うようにします。

作業のポイント　このシンパクのように、ほとんど人の手の入っていない素材では、まず必要な枝と不必要な枝との見きわめが大切です。作業に入る前にしっかりと樹形構想を固めてから行うようにします。また、シンパクは葉が込みがちな樹種です。枝棚の剪定には不要な上向き枝と下向き枝などを整理して薄めに追い込んでいきます。ジンの彫刻にはできるだけ鋭利な刃物を使い、自然味が残るように作業をします。

作業後の管理　そのまま戸外の棚場で管理します。

❶ 作業前。さし木後約20年の樹高50cmほどの紀州産シンパク。このままでは樹形的にまとまりがないので大胆な改作を試みる

❷ 頂部の枝落とし後。頂部をジンにするため，切除する部分以外の枝を落とした

樹皮むき作業。鋭利な刃物などを用いて樹皮をむく。できるだけ自然な感じを出すために削りすぎに注意

彫刻作業。彫刻刀などの鋭利な刃物を用いて木質部まで削り出してジンづくり作業の仕上げを行っていく

おおまかな剪定後。不要枝などを切除し，頂部はジンにする部分を除いて切り詰めた

ジンづくりと剪定終了後。作業前より樹高も詰まって樹容が一変

2 整姿後の針金かけ

剪定を終えたら針金かけを行います。シンパクのように葉性の細かいものは針金で葉を巻き込まないようにして、枝棚を薄めに二叉になるように作業しましょう。

全体の作業後。樹高は40cmに詰められたが，逆に盆樹の景に雄大さが感じられ，作業前よりも高さが感じられるようになった。ジンと生き幹の調和もよい

下枝の剪定前後。下向き枝と上向き枝を整理して横向き枝だけを残す要領で剪定

針金かけ

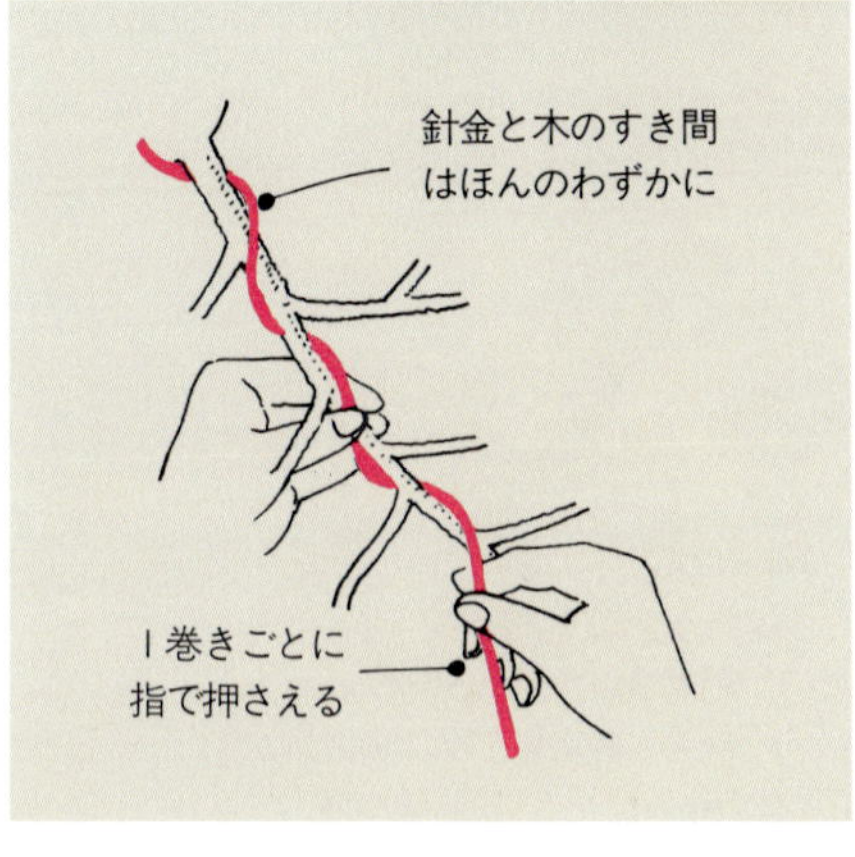

下枝の針金かけ後。剪定で残された横向き枝を生かし，枝棚が厚ぼったくならないように針金整姿を行う

③ ジン彫刻後の処理

松柏盆栽で、ジンの彫刻後はそのままでもよいのですが、石灰硫黄合剤を塗って保護することがよく行われています。これは、石灰硫黄合剤の防腐効果によってジンの形を維持する目的で行います。

適期　休眠期の10～3月に行います。

作業のポイント　石灰硫黄合剤を2～3倍に薄めて使用します。作業は彫刻後すぐには行わず、少なくとも2～3か月は時間をおいてから行うようにします。

作業後の管理　塗りつけ後、半日ぐらいは水を当てないようにして乾燥させます。

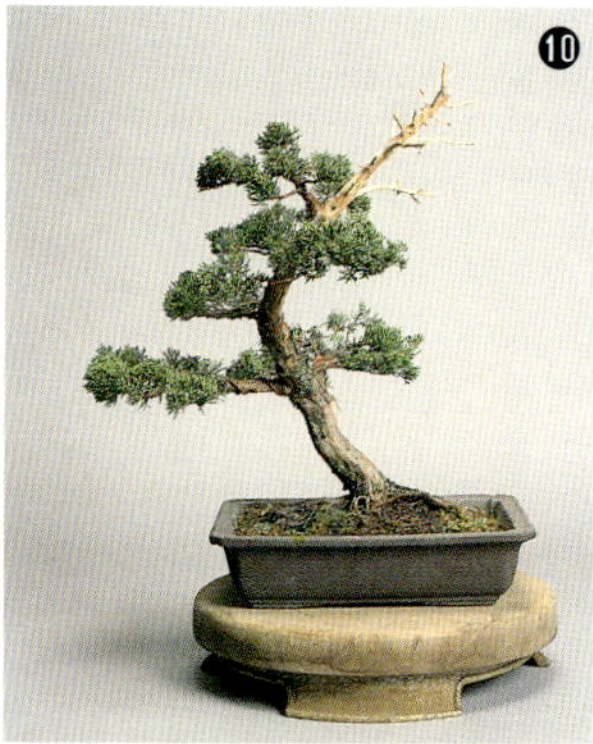

整姿後2か月を経た素材。彫刻を施したジンの保護作業を行う

石灰硫黄合剤をジンに塗る。小さめのブラシを利用して石灰硫黄合剤をジンに塗りつけていく

ジンのアップ。彫刻直後よりも古色がつき味わいが出てきた

作業後1か月を経たジンの様子。塗りつけ直後より白さを増して，白骨化したジンらしくなった

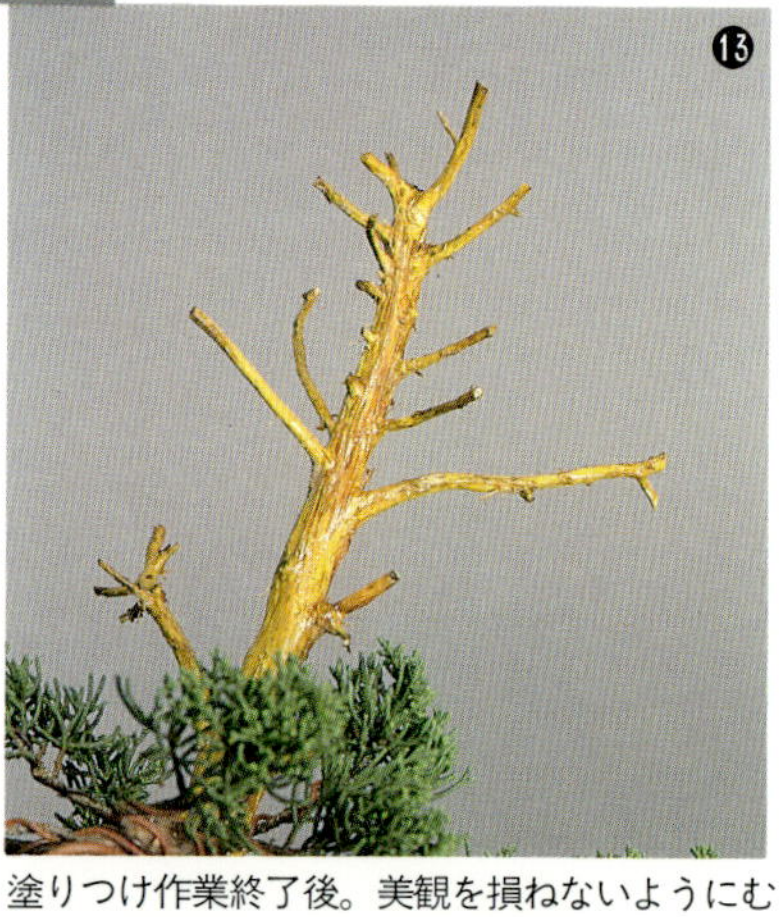

塗りつけ作業終了後。美観を損ねないようにむらなく塗っていくのがこの作業のポイント

④ 芽摘みと鉢替え

この素材の場合、整姿後の樹格向上のポイントは芽摘みと鉢替えになります。

適期　芽摘みは5～9月、鉢替えは植え替え時期に行います。

作業のポイント　芽摘みは新芽が伸び始めたら摘み、鉢替えは通常の植え替えに準じます。

作業後の管理　芽摘み後はすぐに、鉢替え後は2～3週間、明るい日陰に置き、戸外の棚場に出します。

芽摘み作業前。枝棚の輪郭線から新芽が伸び始め，新芽の浅緑が目立ち始めたら作業適期

芽摘み作業。指で新芽をつまみ，そのまま引き抜くという要領で行えばよい

芽摘み

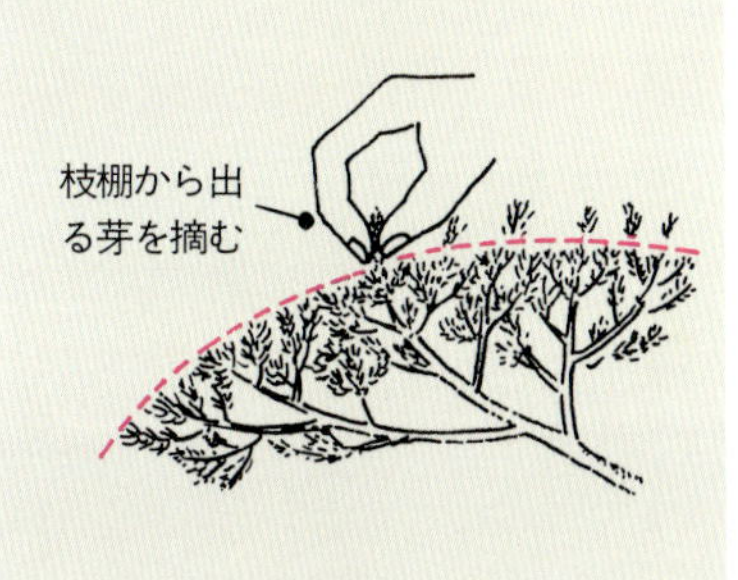

鉢替え

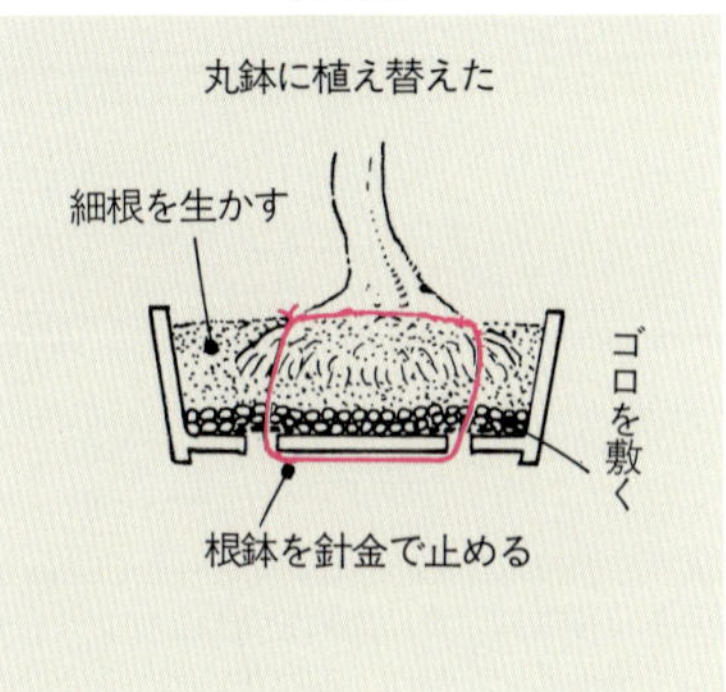

鉢替え後。針金整姿後1年を経た樹姿。秋に植え替えを行い長方鉢からやわらかさを出す丸鉢に鉢替えした

ジンのアップ。さらに古色がつき自然味が見られるようになった

⑱ 2年を経た樹姿。あとは持ち込みにより樹格を上げていく

5 整姿から2年後の樹姿

このシンパクだけではありませんが、整姿を行った盆栽にとって、なによりも大切なのは持ち込みです。ジンや枝棚などは時間の経過によって、樹格を高めていきます。

●自然樹から学ぶ①

捻転の芸術

シンパクはかつて多くの盆栽素材が山採りされました。これはシンパクの幹が捻転するためで、自然味のある幹立ちが尊重されたからにほかなりません。現在では、さし木素材が使われますが、樹形づくりにはシンパクのもつ自然味を生かすことが大切です。

写真は盆栽樹形をつくるときに参考にしたい自生するビャクシンの捻転の状態（伊豆・大瀬崎）。

トショウ

ヒノキ科・ビャクシン属（ムロ、ムロノキ、モロギ、ネズ、ネズミスギ）

杜松（ネズミサシ、ハイネズ）

［プロフィール］

盆栽界でいうトショウとはネズミサシとハイネズのことを指します。ネズミサシは中部地方以南の山地に自生し、立ち性で盆栽につくられる太幹のトショウはネズミサシと考えてよいでしょう。ヤマトショウと呼ばれるのはこのネズミサシのことです。ネズミサシは葉がとがってさわると痛いのもその特徴です。

ハイネズは日本各地の海岸沿いに自生し、這い性でそれほど大きくならず、小品盆栽や懸崖などにつくられています。ハマトショウと呼ばれるのがこのハイネズになります。

トショウは人気樹種のなかでは注目を浴びてから比較的日が浅く、その点ではこれからに期待のもてる樹種といえるでしょう。繁殖もさし木のほかにとり木の活着率が高いのが特徴です。樹性強健で盆栽に仕立てやすく、素材も豊富なので初心者向けの樹種といえます。

［育て方］

■**培養のポイント**

●**置き場**　1年を通じて日当たり、通風のよい場所に置きます。

●**水やり**　水を好む樹種ですので多めに与え、朝夕の葉水も効果的です。夏期は1日に3～4回、3～6月、そのほかの季節には2～3回与え、冬期でも1回水やりします。

●**肥料**　ほかの樹種では鉢の四隅に固形肥料1個ずつが目安ですが、トショウは倍くらいの置き肥をするくらいでよいでしょう。ただし、肥料を施す時期は3～10月ですが、5～7月の新芽が伸び出る時期は避けるようにしましょう。

●**病虫害**　ハダニ、テッポウムシなどの虫害がときに見られます。ハダニには殺ダニ専用剤、テッポウムシにはスミチオン、オルトランなどで駆除します。冬期

月	1	2	3	4	5	6	7	8	9	10	11	12
水やり	普通		多め							普通		
肥料			置き肥					置き肥				
置き場	室内		戸外（日当たり・通風）									
その他の作業		植え替え	剪定				針金かけ、植え替え	剪定		芽摘み	針金かけ	

トショウ　樹高＝60cm　鉢＝和長方

の石灰硫黄合剤の消毒は怠らないように注意します。

●植え替え　細根が密生しますので植え替えのサイクルは若木、成木を問わず1～2年に1回が適当です。

■樹形づくりのポイント

放置しておくと五年葉ぐらいの古葉が残ります。針金かけのときにはこれらの古葉を巻き込まないように前年葉～五年葉までの古葉を整理してから行いましょう。

また、松柏類の整姿作業は休眠期に行うのが原則ですが、4～6月、9～10月の成長期に行うのもトショウの特徴です。これは二番芽を出させて枝棚を充実させるための作業となります。ただし、太枝の剪定などは晩秋から冬期にかけて行うようにします。

なお、トショウは自然樹にも見られるように枝ジンの似合う樹種です。太枝の剪定時には元から切除せず、枝ジンにして残すと、おもしろいアクセントとなるでしょう。

「盆栽テクニック・枝葉を調節する芽摘み法」

芽摘みの効用にはまず枝葉の調節があげられます。伸び出した芽を放置すると勢いのよいところが伸びすぎ、望みの樹形が得られないことになります。
また、勢いがよく枝葉が込みすぎた部分の芽を摘むことによって、弱りがちな内部の枝にも十分な日当たりと通風が与えられて枝枯れを防ぐのも大切な芽摘みの効用です。

適期　トショウは4～9月まで新芽が伸びるので、そのつど芽摘みを行います。

作業のポイント　勢いよく伸び出す部分は深めに摘み、弱い部分の芽は軽く摘んでやります。方法は親指と人さし指ではさむようにして、そのまま引き抜くという要領になります。また、芽摘みは十分に施肥して勢いのある木に行います。

作業後の管理　通常の管理を行います。

❶ 作業前。濃緑色の古葉の中に淡黄色の新芽が目立ち始め，芽摘みの適期を迎えている

❷ 枝葉部のアップ。トショウの新芽は１～２cm程度を目安に芽摘みを行うようにする

❸ 芽摘み作業。親指と人さし指ではさみ，そのままの方向へ引き抜くという要領で行う

芽摘み

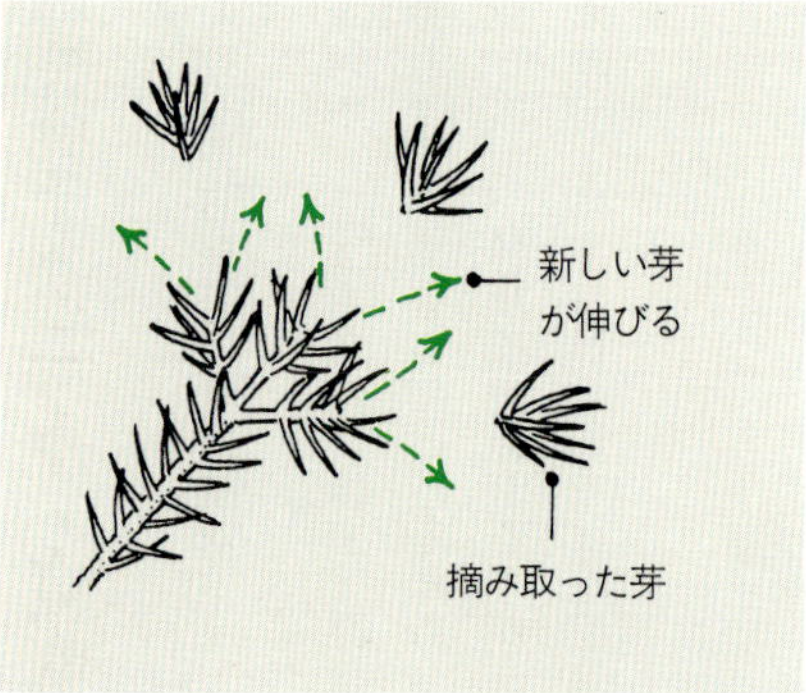

新しい芽が伸びる

摘み取った芽

❹ 芽摘み作業後の枝葉部のアップ。勢いよく新芽が伸びる部分ではほとんど摘み残しのないように摘み取る

❺ 全体の作業終了後。すべての枝葉に芽摘みを行い，同時に徒長枝，不要枝を剪定した。針金かけを行い，頭部を起こした

「盆栽テクニック・立ち木から文人木へ」

1 樹形変更への整姿

立ち木と文人木の違いはまず枝数の違いでしょう。できるだけ枝を減らして軽い感じにし、幹模様を見せるのが文人木ですが、この素材は立ち木よりも文人木のほうが似合う樹形といえるでしょう。

適期　9～10月に行います。

作業のポイント　極力不要枝を排除していきます。枝を下げるための針金は幹を支点に上下2本の枝にわたして、見栄えと効きをよくしていきます。

❶ 作業前。樹形的には立ち木だが，枝数も多すぎ，個性の感じられない樹姿となっている

❷ 不要枝の剪定。樹形上まったく不要な太枝は枝元から切除していく。この素材の場合かなりの太枝が剪定されることになる

❸ 太枝を枝途中から切除。木にアクセントをつけるため不要枝はジンにしてもよい

❹ 太枝や不要枝のおおまかな剪定後。幹筋を隠していた葉を切除するだけで、木に大きさが出てくる

❺ 枝途中からの切除後。枝ジンとして残すには手ごろな大きさになっている

❻ ジンづくり作業。見栄えのよいように木質部まで削り出していく

❼ ジンづくり作業後。付近の枝はこのあとに切除してジンが目立つようにする

❽ 上下２本の枝への針金かけ。幹を支点に枝どうしに針金をわたす。針金かけ終了。枝と枝をかけ終えたあと枝先まで針金をかける

2 鉢映りと植えつけ角度

作業のポイント　立ち木のままの樹形でこの素材を生かしていくのなら、多少深めの鉢でもさしつかえありません。この文人木では軽妙さを強調するために、やはり軽い感じのものに替えてやります。また、植えつけ角度も少し傾倒させて植えつけて幹模様にはずみとやわらかさを強調します。

作業後の管理　2～3週間は明るい日陰に置き、その後、戸外の棚場に出します。

❶ 整姿作業終了後。枝数がだいぶ減り軽妙な感じになったが、植えつけ角度の変更と植え替えを行いさらに文人木らしさを出す

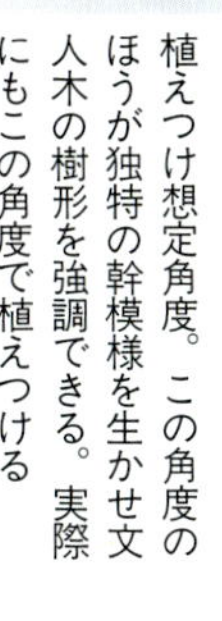

❷ 植えつけ想定角度。この角度のほうが独特の幹模様を生かせ文人木の樹形を強調できる。実際にもこの角度で植えつける

❹ 根鉢の様子。根鉢中に細根が回り，この作業を行わなくても植え替えの適期だったことがわかる

❺ 根の整理途中。だいぶ根ほぐしを行い根を切り詰めているが，さらに仕上げの整理を行っていく

❻ 根の整理終了後。文人木の似合う薄めの鉢に植えつけるために根鉢は作業前より$\frac{1}{3}$ほどに小さくした

❸

極端に傾倒させた植えつけ例。試しに木を傾倒させて植えつけ角度を検討したが、文人木らしい軽妙さが失われ、枝配りにもはずみがない

❼

作業後。調和のとれた鉢なのでそのまま使われた。植えつけ角度を変えて全体に軽妙さがただよう

ゴヨウマツ

マツ科・マツ属（ヒメコマツ）

五葉松

プロフィール

日本全国の山地に自生し、葉が5本に分かれるところからゴヨウマツ（五葉松）と呼ばれています。

盆栽にも古くからつくられ、盆栽でマツといえば、ゴヨウマツのことを指した時代もあったほどです。現在でも最も普及している樹種で、盆栽は「ゴヨウに始まってゴヨウに終わる」という言葉もあります。

幹や枝のやわらかな線が特徴的で、クロマツが〝松柏の王様〟ならゴヨウマツは〝松柏の女王〟とも呼ばれているくらいです。

樹性が強く、剪定や針金整姿にも耐え、培養上もそれほど手間がかからないのもゴヨウマツの人気の理由といえるでしょう。繁殖法としてはさし木、とり木、実生が可能で、産地などでは畑づくりなども行われて素材も豊富な樹種です。

育て方

■**培養のポイント**

●**置き場**　1年を通じて戸外の棚場で管理します。ただし、秋に植え替えや秋から冬にかけて針金整姿などの大作業を行ったものは、冬期保護を行います。

●**水やり**　ほかの樹種よりも少なめで、通常は1日1回、厳暑期は1日2回、冬期は2日に1回が目安になります。

●**肥料**　3〜11月の成長期に固形肥料を月1回ぐらい施しますが、春に多く施すと新芽が伸びすぎるので控えめにし、秋口から多めに施すとよいでしょう。また、梅雨や盛夏期は避けます。

●**病虫害**　ワタムシ、アブラムシなどの虫害が発生します。発見しだいスミチオンなどで駆除します。病害は葉ふるい病にかかりやすく、これも銅製剤などで処理していきます。また、冬期は石灰硫黄合剤による予防消毒が効果的です。

月	1〜12
水やり	乾かし気味 → 普通 → 多め → 普通
肥料	置き肥（春）、置き肥（秋）
置き場	戸外（日当たり・通風）
その他の作業	剪定、植え替え、伸びすぎた新芽の芽摘み、針金かけ、中芽切り、植え替え、針金かけ、剪定、古葉すかし

ゴヨウマツ　樹高＝80cm　鉢＝南蛮皿

●植え替え　若木では3年、成木では4～5年ぐらいのサイクルで植え替えします。用土は赤玉土7、砂3ぐらいの混合土を用います。

■樹形づくりのポイント

ゴヨウマツは樹形の宝庫といわれるくらいで、松柏に限らずあらゆる盆栽樹種のなかでも最も樹形の範囲が広い樹種です。それだけに、いろいろな樹形の可能性を秘めた素材からその木の素質を引き出してやることが大切です。

針金かけは小枝が二叉になるようにして枝棚を整えていきますが、横に伸び出し気味の先端の枝葉を少し起こし気味にするいわゆる「芽起こし」を行うようにします。また、剪定後の肉巻きも順調にいくのも特徴です。

枝葉の調節は芽摘み、芽切り、古葉取り、剪定などで行っていきます。一度方法を覚えれば、これらの作業が比較的簡単に行えるのはゴヨウマツの長所といえます（23～38ページ参照）。

「盆栽テクニック・基本樹形づくりの針金かけ」

盆栽の種木を入手したら、まずはその木の素質をどうしたら引き出せるかを考えて基本の樹形づくりを行っていきます。

例えば、ここで取り上げたゴヨウマツでは、樹形上のポイントになる最下部(一の枝)の2本の枝が直線のように見えるかんぬき枝になっています。このゴヨウマツを生かすには、この大きな欠点を解消して、全体の枝順を整えてやることが大切な作業になります。

適期　厳寒期を避けた10～3月の休眠期に行います。

作業のポイント　かんぬき枝は左側の枝を切除しますが、このときに多少えぐり気味にして、肉巻き後に見苦しいこぶになるのを避けます。また、このように手入れを怠っていたものでは、枝先の古葉なども丹念に剪定することが必要です。

作業後の管理　冬期は保護室で管理し、それ以外は戸外の棚場に置きます。

❶ 整姿作業前。樹高40㎝程度で実生20年ほど経た素材。基本の樹形がまだできていない

❷ 下枝のアップ。樹形上大切な一の枝がかんぬき枝になっており，いずれかを切除する

❸ 左側の枝の切除後。結局，左側の枝を切除し右側の枝を生かして樹形づくりを行う

❹ 全体の不要枝剪定後。樹形上よけいな枝がなくなると幹や枝の配置がはっきりした

❼ 一の枝のおおまかな針金かけ後。太めの針金で枝を下げたが、枝葉はだいぶ乱れている

❽ 一の枝の枝先までの針金かけ後。基本どおり二叉に分かれ、さらに枝先を上げる芽起こしがなされている

❺ 枝先のアップ。現状では今年葉，前年葉，前々年葉があり，葉が込みすぎている

❻ 枝先の剪定作業。3年にわたって伸びた葉のなかで最も古い前々年葉を整理する

❾ 作業後。一の枝と同様の要領で剪定と針金かけを行い，全体の基本整姿を終了

「盆栽テクニック・根連なりを平石に」

以前は似合っていた鉢が木の成長などによって鉢映りが悪くなるというのは盆栽を仕立てていくとよく起こるケースです。このようなときは、似合う鉢に替えてやることはいうまでもないでしょう。

この皿鉢に植えられたゴヨウマツも、鉢が窮屈に感じられ、せっかくの根連なり独特の景の風情も生かされていません。そこで、ゆとりのある平石に植えつけてやり、空間の美しさを引き出します。

適期　植え替えの適期に行います。

作業のポイント　石への植えつけは原則として植え替え作業と同時に行います。根鉢は通常の植え替えよりも薄めに整理して、平石につけやすいようにします。

木は固定しやすいように針金などでとめ、用土（赤玉土7、砂3）は少しぬらしておくと作業が行いやすくなります。

作業後の管理　2週間ほど明るい日陰に置き、戸外の棚場に移します。

皿鉢に植えられた根連なり素材。木の成長により鉢が小さく窮屈に見える

根ほぐし作業。皿鉢よりさらに薄い平石に植えつけるので根底の土を丹念に落とす

平石の植えつけ準備。あらかじめ木を固定する針金も通しておき，用土を入れる部分をケト土で囲って土がこぼれないようにゴロ土を敷く

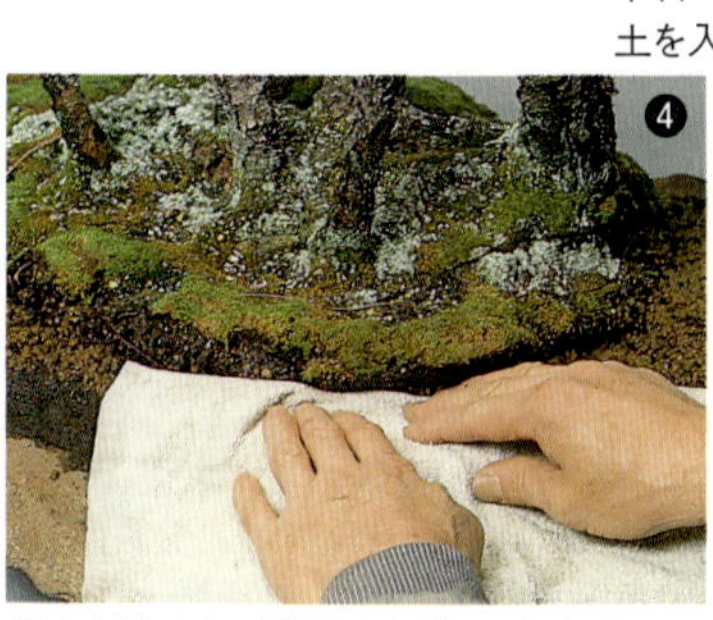

用土を締める。平石は土がこぼれやすいので作業前に水を少なめにかけて用土を固めにし，植えつけ後も布などを利用する

❺ 水ゴケ張り後。ケト土と盛り土に水ゴケを張って保水性を維持させて，見栄えのよい自然なコケの発生を待つ

❻ 作業後。広い平石に植えつけたことにより右側に空間が生じ，皿鉢に植わっていたときよりもゆとりがあり，景にも雄大さと広がりが感じられるようになった

◉自然樹から学ぶ②
ゴヨウマツの産地

　ゴヨウマツは産地を冠して福島ゴヨウ、那須ゴヨウ、上越ゴヨウ、四国ゴヨウなどと呼ばれます。これらは葉性や幹肌などに若干の違いが見られますが、盆栽に仕立てるうえではそれほど違いが見られるわけではありません。

　ただ、このような産地では自生するゴヨウマツも多く、自然樹を観察して盆栽づくりの参考にしたいものです。写真は四国ゴヨウの産地赤石山自生樹

マツ科・トウヒ属(シンコマツ)

エゾマツ

蝦夷松(アカエゾマツ)

プロフィール

盆栽界で呼ばれるエゾマツとは植物学上ではアカエゾマツのことで、北海道や千島列島などに多く自生します。

葉が短小で細かく密生し、幹肌も荒れやすいので盆栽に仕立てると大木感を出しやすく、古木の風情が演出しやすい樹種といえるでしょう。

古くから人気が高く、名品にも数多くのものが仕立てられましたが、現在では素材不足が嘆かれ、愛好家からは「幻の樹種」とも呼ばれているぐらいです。

また、八房エゾマツはエゾマツの変種で、葉がさらに細かいところに特徴があります。これはさし木による繁殖が容易で、小品や石つき盆栽などにも仕立てられています。

育て方

■培養のポイント

●置き場 北国のマツですので暑さに弱いところがあり、かといって冬の寒さにも弱いので置き場には注意が必要です。夏は特に強い日ざしに弱いので、7～8月は明るい日陰か午後の強い日ざしが当たらないところで管理します。また、冬は乾いた寒風に特に弱いので室(むろ)(保護室)か風よけのあるところがよいでしょう。そのほかの季節は日照、通風のよい棚場で管理します。

●水やり 乾燥を嫌う樹種ですので水やりは多めで、頭からも十分に葉に水がかかるように与えます。冬は1日に1回、そのほかは1日に2～3回与えますが、夏場の水切れは厳禁です。

●肥料 4～11月に固形肥料を月1回ずつ、厳暑期と梅雨期を避けて施しましょう。

●病虫害 特にハダニがつくことがあるので注意します。葉が白っぽくなってきたらすぐに市販の殺ダニ専用剤で駆除し

月	1	2	3	4	5	6	7	8	9	10	11	12
水やり	普通		多め							普通		
肥料				置き肥					置き肥			
置き場	室内		戸外(日当たり・通風)				半日陰		戸外(日当たり・通風)			
その他の作業		植え替え							植え替え			
		剪定							剪定			
			針金かけ						針金かけ			
						芽摘み						

エゾマツ　樹高＝80cm　鉢＝和長方

ます。

●**植え替え**　適期は3〜4月、10〜11月になります。サイクルは若木なら2年に1回、成木なら3〜4年に1回ぐらいです。用土は赤玉土7〜8、砂2〜3が目安です。

■**樹形づくりのポイント**

枝葉が込みがちな樹種なので、丹念に芽摘みと剪定を行って調節します。とりわけ、八房性のエゾマツは放置すると玉のように固まってしまい見栄えが悪くなります。また、内部の枝が枯れる要因になるので、早めの作業を心がけましょう。

また、樹勢の強い木ですと車枝状になったものがよく見られます。早めのうちに剪定して枝味を損ねないようにします。

針金をかけるときには針金で葉を巻き込まないように注意し、あるいは少しゆるめぐらいの巻き方にしたほうがよいでしょう。ほかに、エゾマツは枝先がはね上がる性質があるので常に注意し、枝先だけの針金かけも行います。

「盆栽テクニック・さし木仕立て」

1 さし木の実際

盆栽づくりの第一歩は、まず良質な種木を得ることにあるといえるでしょう。そのためには、種木を購入して仕立てていくことが一般的ですが、ときには実生(タネまき)やさし木などから育て上げる盆栽づくりも楽しいものです。

特に八房エゾマツはさし木の活着率が高く、小品盆栽や石つき盆栽などへ短期間で仕上がり、利用範囲の広い樹種でもあります。剪定時に切った枝などを利用して挑戦してみるのもよいでしょう。

適期　春ざしと梅雨ざしがあり、3～4月、6月中旬～7月上旬に行います。

作業のポイント　さし木をつくるときに注意したいのは、前年枝か前々年枝をつけたものをさし穂として利用します。新年枝だけのさし穂は活着率が低下します。また逆に、新年枝をつけないさし穂も活

❶ 八房エゾマツのさし穂採取用の親木。あえて採取するまでもなく，剪定時などに切除した不要枝を利用すればよい

❷ 親木からのさし穂の採取。樹勢のおう盛な頂部の徒長枝を剪定してさし穂に利用。新葉，前年葉，前々年葉のある枝がよい

❸ さし穂の整理。古枝と新年枝を残す要領で，さし床にさす部分の不要な枝葉をとる

❹ さし穂。大きさは枝の状態などによって不ぞろいになる。古い枝を利用してもよいが，太くなるほど活着率は低下する

着率が低下するので注意します。

作業後の管理　2か月ぐらいは風の当たらない日陰で管理します。さし床を乾かすと活着率が低下するので水やりは十分に行い用土を乾燥させないようにします。

さし木

9月まで風のこない日陰に置く
枝葉を取る
ナイフで斜めに切り返す
用土は赤玉土8に砂2。1mm以下のみじんは除く
葉と葉が触れ合わない程度にさす

さし木作業後。成長してきたときにお互いの枝葉どうしがぶつかり合わないように間隔をとってさした

さし穂の整理後。用土にさす部分にあたる下枝の$\frac{1}{3}$ほどの小枝を切除してある。残った枝が新年葉だけにならないよう注意

さし床への植えつけ。用土は赤玉土8，砂2ぐらいの割合。小枝を残したさし穂$\frac{1}{3}$程度をさすという要領で行う

作業後の水やり。さし終えたら時間をおかずにさし穂を乾かさないため鉢底の穴から水が抜ける程度に水やりを行う

② さし木素材の株分け

さし木を行ったものは少なくとも3～4年ぐらいは芽摘みや剪定などを行わずに、そのまま若干の肥料を施し、水やりを欠かさないという管理を続けます。そして、鉢いっぱいに枝葉が込み出したら株分けをして1本ずつ鉢に植えつけることになります。

適期　春か秋の植え替え時期に準じます。

作業のポイント　さし木のように1つの鉢にいくつもの株が植えつけられているものでは、根と根が絡み合っている場合が多くなります。株分け時には根を傷めないよう十分に注意して行いましょう。

植えつける鉢の用土は赤玉土7～8、砂3～2ぐらいにしますが、このような若木のときには鉢底にゴロ土を多めに敷いてやり、水はけをよくすることが大切です。

作業後の管理　2～3週間ぐらいは明るい日陰に置いて管理します。

八房エゾマツのさし木素材。さし木後6～7年を経て枝葉が込み合っている

鉢から抜き出したところ。根が十分に回り，株どうしの根も絡み合っている

根ほぐし作業。回転台などを用い根を傷めないように竹ばしなどを使用して根鉢周囲からほぐす

大きめの素材根切り前後。根が伸びすぎているので根切りを行っている

作業後。木がぐらつかないようにビニールテープなどでしっかりと固定する

根ほぐし作業後。さし木したものはほとんど活着しており，全部で13本の素材に株分けされた

右から５年生，７年生，10年生のさし木素材。10年生素材は樹高15cmを超える

八房エゾマツ素材　将来の予想図

10年後

ヒノキ科・ヒノキ属

ヒノキ

檜

プロフィール

福島県以南の日本各地に自生し、建築材などにも利用されてなじみのある樹種です。

自然にある木は天に直立するように伸び立つものがほとんどですが、盆栽につくられる場合も直幹が基本樹形となります。1本立ちの直幹のほかに、双幹、株立ち、寄せ植えなどが主な樹形といえるでしょう。

このように樹形的な幅はあまり広くありませんが、素直な幹立ちのよさはヒノキならではの魅力でしょう。また、葉性の細やかさとともに、古くなると黒ずんで縦に割れる幹肌は味わい深く、その点でも盆栽向きの樹種です。

繁殖は主にさし木によります。盆栽に限らず鉢植えや庭木にもつくられますので、それらの方面にも目を向けて盆栽用の素材に生かすのもおもしろいでしょう。

育て方

■培養のポイント

●置き場 1年を通じて日当たり、通風のよい置き場で管理します。冬に寒風の中に置いておくと葉が茶褐色に変色しますが、これは春になれば元の葉色に戻りますので心配ありません。また、この冬やけの葉色も風情があって観賞の対象になるくらいです。

●水やり 3～4月の成長期にはかなりの水を吸いますので、多めに水やりをします。成長期では1日2～3回、そのほかでも1日2回、冬期でも1日に1回が目安となります。

●肥料 成長期には多めの施肥が原則になる樹種です。3～10月に梅雨期を避けて固形肥料を月1回施します。

●病虫害 松柏類のなかでもとりわけ病虫害に強い樹種ですが、ときにハダニ、テッポウムシの虫害が発生します。ハダ

月	1	2	3	4	5	6	7	8	9	10	11	12
水やり	普通		多め							普通		
肥料			置き肥					置き肥				
置き場	戸外(日当たり・通風)											
その他の作業	植え替え											
	剪定								剪定			
			針金かけ				針金かけ					
					芽摘み							

八房ヒノキ　樹高＝80cm　鉢＝紫泥楕円

ニには殺ダニ専用剤、テッポウムシにはオルトランなどで駆除します。

●植え替え　直立する樹種ですが、鉢に入っているものでは直根が伸びることもありません。植え替え時には横根をよく整理して、円満な八方根張りをつくるようにします。若木で2年に1回、成木で3～4年に1回のサイクルで植え替えします。

■樹形づくりのポイント

樹性が強健で成長期を通して新芽が吹き続けます。芽摘みを丹念に行って枝葉を調節していきますが、2～3年に1回は日当たり、通風をさえぎる枝を切除する追い込み剪定を行いましょう。

また、ヒノキは枝向きが一定方向にかたよりがちな樹性があります。枝配りの理想としては各方向にまんべんなく枝が出ていることですので、かたよりがちな枝は針金で修正していきます。

なお、樹芯はよく伸びるので強めの剪定を行い、樹高を維持します。

「盆栽テクニック・景を楽しむ寄せ植えづくり」

1 素材の選択と整姿作業

1本では盆栽に仕立てにくい細幹の素材でも、何本かを寄せ植えにすることによって景を創作するのも盆栽づくりの楽しみ方でしょう。

寄せ植えはさまざまな樹種で行われますが、直幹が基本樹形で細幹素材の多いヒノキは寄せ植えがつくりやすい樹種です。園芸センターなどで安価なさし木素材などを購入して寄せ植えに挑戦するのも初心者にすすめられることです。

適期　根をいじる作業なので植え替えが可能な春か秋が適期となります。

作業のポイント　見栄えのよい寄せ植えをつくるには、まず実際に寄せ植えする本数よりも多めの素材を用意します。そのなかから樹高に高低のある素材を選択していくと配植後に変化のある景を生むコツになります。

なお、配植前には根の整理を行いますが、これは作業しやすいように薄めにします。また、不要枝の剪定や基本的な針金かけも作業前に行うようにします。

❶ 寄せ植えのために用意した素材Ⓐ。鉢に何本かを植えつけた鉢植え用八房ヒノキ素材

❷ 寄せ植えのために用意した素材Ⓑ。Ⓐよりも樹高の低いものが植えられた鉢植え素材

3 素材の株分け作業。竹ばしなどを用い鉢土をほぐし、素材を1本ずつに株分けしていく

❹ 素材の株分け後。ヒノキのほかにスギが混植されており，これらは別にしておく

❺ 主木に使用する素材。素材のなかで最も太く、樹高のある木を選び主木に決定する

❻ 主木の整姿後。寄せ植え作業の前に不要枝の剪定や針金で幹の曲がりを直しておく

❼ 使用する素材の根の整理と整姿後。用意した素材Ⓐ，Ⓑから５本の木を選び，根は薄めに整理し，剪定や針金かけなどの整姿を行った

2 寄せ植えの実際

作業のポイント　寄せ植えにはいろいろな方法がありますが、初心者に最もわかりやすいのが主・副・添えに分ける方法です。そして、ブロック内の木も同様に3段階に分けます。しかし、このヒノキの場合ですと素材が5本ですので、主のブロックは主木、副木、添え木で構成し、副のブロックは中心となる木と添え木で構成されるわけです。

作業後の管理　明るい日陰で2～3週間ほど管理して戸外の棚場に置きます。

❶ 主木の配植位置。全体の配植構想を十分に検討し、主木の位置を決定。実際に木を置いて確認するとよい

❷ 主木の配植　用土を少し湿らせておき、作業しやすいようにして主木を配植していく

❸ 副木の配植。景に変化をつけるため、主木より樹高の低い木を選び主木のそばに配植する。枝どうしがぶつかり合わないように注意

主幹を前にした寄せ植え例

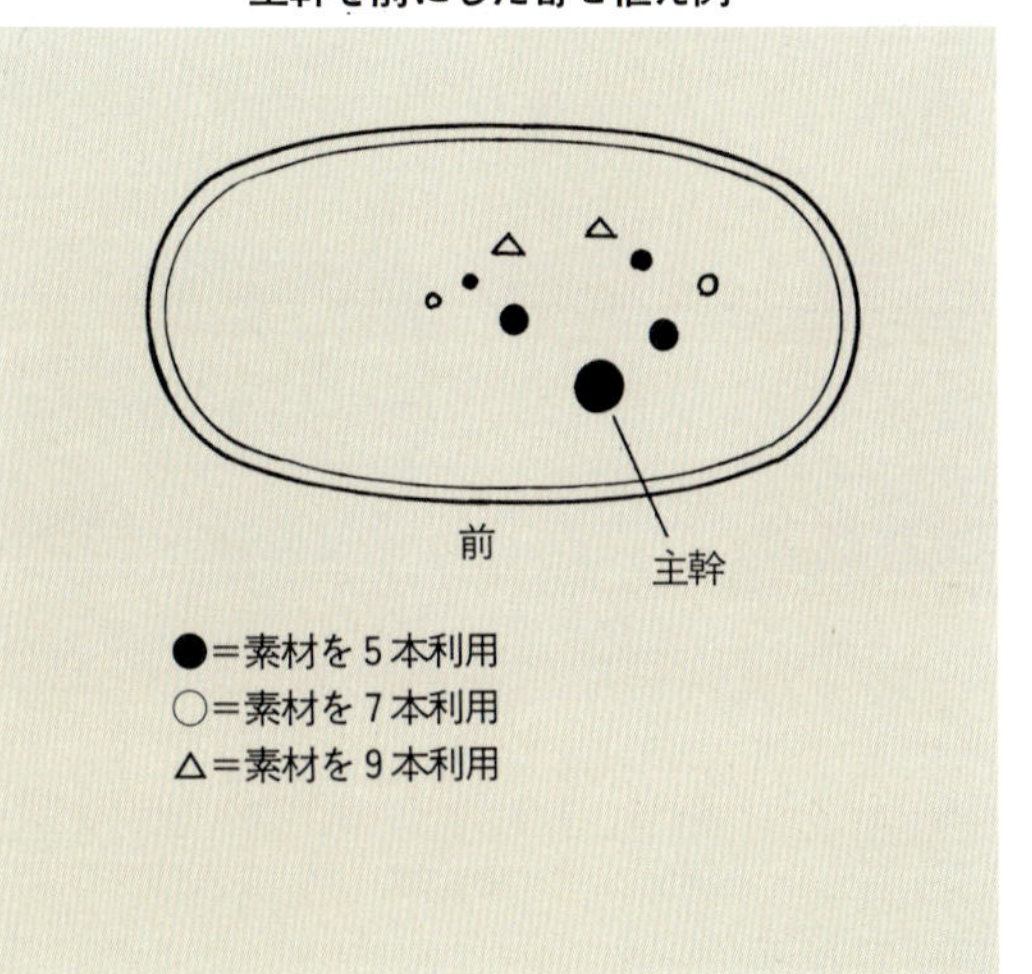

❹ 副のブロックの中心になる木の配植。主のブロックを受けるように副のブロックを決定し、まず中心になる木を配植して位置を固定する

❺ 作業後。主のブロック、副のブロックに添え木を配植して作業終了。枝葉の充実したときを考えて、空間を広めにとって景を創作している

主幹を中にした寄せ植え例

スギ

スギ科・スギ属

杉

プロフィール

スギは北海道を除く全国に分布して、「日本の風景をつくる木」といわれるほど日本人に親しまれている樹種です。

盆栽にも古くから仕立てられており、年とともに古色を帯びる幹肌、八方に伸びる根張り、分岐に富む枝や短小な葉などはスギならではの魅力となっています。

松柏盆栽としては珍しく季節感をもつのもスギの特徴です。濃緑色の葉が厳寒期に霜やけして褐色に変わる姿は、冬枯れの風情を感じさせてくれるものです。

主な繁殖法はさし木かとり木ですが、成長力がおう盛で比較的短期間のうちに見栄えのよい盆栽に仕立てられます。樹性も強く、樹形もつくりやすいので、初心者にすすめたい樹種といえるでしょう。

育て方

■培養のポイント

●置き場　日当たり、通風のよい戸外の棚場が最適です。ただし、厳暑期は明るい日陰、厳寒期は乾風を避けたところに置くなどの若干の保護が必要です。

●水やり　スギは水を好む樹種なので多め多めの水やりを心がけます。鉢が乾き始めたら与えるのが理想的ですが、目安としては3～9月の成長期は1日に2～3回、それ以外でも1日に1回、水やりを行うようにしましょう。

●肥料　梅雨期を除いた3～10月には、固形肥料を月1回ぐらいの割合で施します。これは水やりにもいえることですが、あまり肥料を施しすぎると枝葉が伸びて樹形を乱してしまいます。若木は多め、完成木は少なめなど、その木に応じての調節が大切です。

●病虫害　虫害ではハダニ、病害ではすす病、赤枯れ病などがあげられます。葉水を行うと、ハダニの発生を防ぐ効果もあります。

月	1	2	3	4	5	6	7	8	9	10	11	12
水やり	普通		多め							普通		
肥料			置き肥				置き肥					
置き場	戸外(日当たり・通風)						半日陰		戸外(日当たり・通風)			
その他の作業			植え替え					植え替え				
			剪定					剪定				
			針金かけ					針金かけ				
					芽摘み							

スギ　樹高＝80cm　鉢＝和楕円

■樹形づくりのポイント

自然樹のスギが天空に向かって伸び立っているように、盆栽につくられるスギも直幹であることが原則になります。1本立ちの直幹以外には株立ち、寄せ植えなどがスギの盆栽樹形ですが、いずれも幹が直立しているだけに枝づくりが大切な樹種です。芽摘みや剪定を丹念に行って枝葉の調節を図ることを心がけましょう。

また、直幹では八方根張りが観賞上のポイントになります。植え替えは根張りをよくするために欠かせない作業といえます。植え替えのときには直根気味に伸び出す根は切り詰め、横に伸びる根を広げるように植え込みましょう。

ほかにスギで注意したいのは、多湿の場所に置いたりすると幹から気根（空中に伸び出す根のようなもの）が生じてしまうことです。特に、梅雨どきではよく見られますが、これを放置すると樹形を乱す要因になります。気根が生じたら、すぐに切り詰めるようにします。

「盆栽テクニック・芽摘みと追い込み剪定」

スギは樹性が強健な樹種なので、新芽も4月ごろから次々と伸び出してきます。このような新芽は芽摘みと剪定、また2年に1回ぐらいは強めの追い込み剪定を行って、枝葉を調節していくのが樹形を維持向上させるために欠かせない作業になってきます。

適期　芽摘み、通常の剪定は4～10月。追い込み剪定は5～6月に行います。

作業のポイント　芽摘みは新葉を2～3葉ほど残して摘み取るという要領で行います。

普通の剪定は徒長枝を切除するという要領になりますが、追い込み剪定は日照や通風をさえぎる枝葉をすかし気味に取り除いていきます。どちらの剪定のときにも葉を少しでも切ると、あとで葉が茶褐色に変色して見苦しくなります。そのために剪定は枝を切るようにします。

作業後の管理　通常の作業でそのまま戸外の棚場で管理します。

作業前のスギ盆栽。新芽が枝棚から垂れ下がるほどに伸び，芽摘みと追い込み剪定の適期を迎えている。樹高は約35cm

作業前の枝先。濃緑の古葉が隠されるほどに新芽が枝先に伸びきっている

追い込み剪定作業。新芽ばかりでなく日照・通風をさえぎる小枝などを剪定バサミで切除

追い込み剪定と芽摘み作業後。新芽は枝先に2〜3葉残され，茂りすぎた小枝もだいぶ整理されている

芽摘み作業。親指と人さし指で新芽をはさんでそのまま引き抜くという要領で新芽を摘んでいく

頂部だけを残した作業後。頂部は勢いが強いので摘み残しのないように注意。作業手順は下から上へ

スギの芽摘み

作業後。芽摘みと追い込み剪定によって約$\frac{1}{3}$の枝葉を整理。作業後は戸外の棚場で管理

マツ科・ツガ属

ツガ・コメツガ

栂・米栂

プロフィール

ツガは日本全国の山地に自生し、コメツガは中部地方以北の高山地に自生します。コメツガは山の木、ツガは里の木といえるでしょう。日本に自生するツガ属の植物はこの2種類だけで、いずれも古くから盆栽につくられ「通の好む」樹種として根強い人気があります。

ツガ、コメツガは外見が似ていて見分けにくい樹種ですが、コメツガのほうが葉が丸く冬芽が大きいという特徴があります。幹肌の味わいとともに葉性の細かさも盆栽向きで、また春に伸び出す新芽の美しさも観賞の対象になります。

さし木、実生などで繁殖し、販売されていますので、園芸センターなどで盆栽用の手ごろな素材を探すとよいでしょう。

育て方

■**培養のポイント**

●**置き場**　ツガは通年日当たり、通風のよい戸外の棚場で管理します。コメツガも冬期はツガと同様の管理でよいのですが、夏期には葉焼けしやすいので注意が必要です。6月中旬～9月中旬ぐらいは明るい日陰などに置き、直接に強い日ざしを当てないようにしましょう。

●**水やり**　鉢土が八分乾きになって白くなりだしたら水やりを行うようにし、水切れは避けるようにします。夏期は1日2～3回、そのほかの季節は1日1～2回ぐらいが目安となります。

●**肥料**　3～10月までの成長期に梅雨のころを避けて、固形肥料を月1回程度施します。

●**病虫害**　ワタカイガラムシに要注意です。発生したらスミチオン、カルホスなどで駆除します。冬期の石灰硫黄合剤による予防も効果的です。

●**植え替え**　下に伸びた根を切り詰め、横根を生かすように植え替え作業を行い

月	1	2	3	4	5	6	7	8	9	10	11	12
水やり	普通		多め						普通			
肥料			置き肥					置き肥				
置き場	戸外（日当たり・通風）							コメツガは夏に明るい日陰				
その他の作業	植え替え							植え替え				
		剪定						剪定				
				針金かけ				針金かけ				
				芽摘み								

ます。サイクルは若木で1～2年に1回、成木で3～4年に1回でよいでしょう。

■樹形づくりのポイント

松柏類のなかでも幹や枝が曲げにくい樹種です。針金かけのときには決して無理に曲げようとせず、徐々に曲づけを行っていくようにします。幹に模様をとるのはよほどの若木以外では避けたほうが無難でしょう。

ツガ　樹高＝100cm　鉢＝誠山長方

また、ほかの松柏類に比べると針金が食い込みやすい樹種ですので要注意です。これは針金をかけた部分がふくらむという樹性のためですが、少しでも食い込みが見られたら早めのうちにはずして木肌に傷を残さないようにします。

なお、新芽の美しい樹種ですが、見栄えがよいからといって芽摘みを遅らせると、枝が込みすぎてしまいます。芽摘みは丹念に行います。

「盆栽テクニック・最下部の枝を生かして双幹に」

ツガやコメツガはとり木によって素材をつくることも行われます。双幹・株立ちなど、趣のある樹形になるものです。低い位置にある一の枝を立ち上げて双幹にするなど、樹形変更を行うことなどで、素材を有効に使いましょう。

適期　10～3月に行います。

作業のポイント　主木の不明な幹下部にある枝を取り、双幹樹形に合うように全体を整姿します。

作業後の管理　冬期は保護室で管理し、ほかは明るい日陰に3週間ほど置きます。

❶ 作業前。樹高70cmほどのコメツガ素材で、基本的な枝配りはできているが足元に不要枝が目立つ

足元の不要枝の剪定作業。左側に伸び出した小幹を生かすため，右側の枝を切除して枝ジンにする。枝途中半分ぐらいで切り落とす

❷ 剪定後。足元に伸び出した右側の枝など樹形上不要な枝を剪定した

❸ 下部の針金かけ後。右側の下枝を下げ気味に整姿し、子幹のほうは主幹に合うように幹模様と枝ぶりを針金で修正した

❹ 作業後。主幹と子幹の大きさに差がある子持ち双幹風の樹形に変身。主幹の幹模様がさらに生かされる

作業後の下部のアップ。幹途中から切った枝はジンに利用

イチイ

イチイ科・イチイ属（アララギ・オンコ・オッコ・スオー）

一位・櫟

プロフィール

日本各地の山などに自生し、山で一位の木であるからイチイの名がつけられたといわれます。雌雄異株で雌木には秋になると赤い実がなり、松柏類では珍しく実を観賞できる樹種です。

また、イチイ独特の葉性と、持ち込むにつれて縦に浅い割れ目が生じる幹肌が魅力的で、なかには豪快なジン・シャリの芸をもつものも見られます。このように楽しみ方の幅が広い樹種で、特に関東地方以北の愛好家から親しまれているのもイチイの特徴でしょう。

繁殖法はさし木が主で、園芸センターなどで盆栽用の素材が見られます。また、イチイは庭木にも用いられますので、それらの素材を盆栽用につくり変えるのもよいでしょう。

育て方

■**培養のポイント**

●**置き場**　1年を通じて日当たり、通風のよい場所で管理します。

●**水やり**　イチイは水をたいへんに好む樹種です。常に多めの水やりを心がけるようにしましょう。

冬期でも1日に1回、通常で2回、夏期は2～3回ぐらいが目安となります。また、普通の水やりだけではなく、ときには返し水、ひろい水で補い、葉水をかけるのも効果的です。

●**肥料**　3～10月に固形肥料を月1回程度施します。梅雨期、厳暑期は避けます。

●**病虫害**　カイガラムシやハマキムシなどの害虫が発生することがあります。カルホスなどの薬剤で駆除しますが、冬期の石灰硫黄合剤も効果があります。

●**植え替え**　若木なら2～3年に1回、成木なら4～5年に1回のサイクルでよいでしょう。用土は保水性をよくするため砂を若干多めにして赤玉土7、砂3ぐ

月	1	2	3	4	5	6	7	8	9	10	11	12
水やり	普通		多め							普通		
肥料			置き肥						置き肥			
置き場	戸外（日当たり・通風）											
その他の作業	植え替え							植え替え				
	剪定								剪定			
				針金かけ				針金かけ				
						芽摘み						

イチイ　樹高＝80cm　鉢＝紫泥長方

らいの割合になります。

■樹形づくりのポイント

ほかの松柏類に比べて不定芽（胴吹き芽ともいう）が期待できる樹種です。樹芯の立て替えや枝芯の立て替え、あるいは枝棚づくりにもこの不定芽を生かして樹形をまとめていくこともあります。

このためには日当たりや通風の条件を良好にしなければなりませんが、その点でも大切なのは芽摘み作業です。イチイの芽摘みの要領は4～6月に伸び出してくる新芽を、強いところは深く、弱いところは浅めに指で摘むということです。

また、枝に針金をかけて枝棚を広げ気味にするのも、枝に不定芽をもたらすことにつながる作業です。イチイは盆栽にする柏類のなかでは葉も大きめで、小枝も曲がりやすく針金かけが行いやすい樹種です。また、徒長枝や不要枝の剪定をこまめに行うことも、茂りがちの枝葉を調節するのに欠かせません。盆栽では、芽摘みをするので実がなりません。

「盆栽テクニック・庭木から盆栽へ」

イチイは庭木にも利用される樹種なので、露地植え素材も多く見られます。なかには盆栽の素材として生かせるものがありますので、根張りや幹模様のよい木があれば挑戦してみるのもよいでしょう。

適期　3月か9～10月が適期になります。

作業のポイント　剪定、針金かけで基本の樹形づくりを行います。庭木用の素材は枝数が多いだけに根も多く発生しています。鉢に上げるときは根切りを十分にします。

作業後の管理　3週間ほど明るい日陰に。

❶
作業前。庭木用につくられたイチイの露地植え素材で樹高は35cm程度。幹模様に見どころがある

❷
作業前裏面。このような素材では四方から検討して，幹筋のよく見えるところを正面にする

❸
おおまかな剪定後，枝数が多いので，徒長枝や樹形上確実に不要な枝を切除した

❹
剪定後。込み合っている枝から幹模様を生かせるように，樹形上残したいものを除いて切除した

針金かけ後。さらに枝葉をすかしながら針金整姿を行った。枝は多少下げ気味にしてある
❺

❼
根切り後。庭木素材は根鉢が大きいので，よく根ほぐしを行い鉢に入れられるようにする

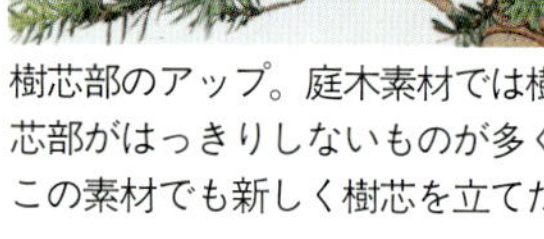

❻
樹芯部のアップ。庭木素材では樹芯部がはっきりしないものが多く，この素材でも新しく樹芯を立てた

❽
鉢への植えつけ後。模様木に似合うように長方の鉢に植えつけた。あとは通常の管理を行い枝葉の充実を待つ

アカマツ

マツ科・マツ属（メマツ、オンナマツ）

赤松

プロフィール

日本の各地に自生してなじみの深い樹種です。古くから盆栽にもつくられ、愛好家の間でも根強い人気をもっています。

クロマツが男松なら、アカマツは女松と呼ばれるようにやわらかい線に特徴のある樹種といえるでしょう。そのやわらかさを生かして樹形的には文人木、模様木、立ち木などに多くつくられています。

また、少し赤く見える幹肌もアカマツの魅力で、葉が細いこともクロマツと見分けるときの決め手にもなります。

繁殖はさし木や実生などが可能ですが、細幹でも古色のついたものが好まれるため、あまり行われていません。人気の高さからすると素材の入手が難しいのがアカマツの難点といえるでしょう。

育て方

■培養のポイント

●置き場　1年を通して日当たり、通風のよいところで管理します。特にアカマツは空気の汚れを嫌うので清浄な空気が流れるところに置くようにしましょう。

●水やり　アカマツには「ヤセづくり」という言葉があるくらいで、水を控えめにします。成長期に水を吸うからといってあまり与えすぎると枝葉があばれるので注意します。厳暑期で1日2回、通常では1日1回ぐらいでよいでしょう。

●肥料　水と同様に少なめにします。梅雨期と厳暑期を除いて月1回固形肥料を施しますが、芽切りを行わないものでは9〜10月の秋肥程度で十分です。

●病虫害　病虫害は比較的少ない樹種ですが、ときにはハダニなどが発生するので注意します。冬期の石灰硫黄合剤による消毒は必ず行いましょう。

●植え替え　水と肥料を控えめにする樹種なので根の生育もそれほどではなく、3〜4年に1回ぐらい行います。

月	1〜12月
水やり	乾かし気味／普通／乾かし気味
肥料	置き肥／置き肥
置き場	戸外（日当たり・通風）
その他の作業	植え替え／植え替え 剪定／剪定 針金かけ／針金かけ 古葉すかし／短葉法の新芽切り

アカマツ　樹高＝100cm　鉢＝紫泥楕円

■樹形づくりのポイント

松柏のなかでもアカマツに限っては、あまり針金などで樹形をまとめすぎないようにしたい樹種です。多少くずれ気味の枝棚のほうがアカマツらしさを表現できます。

また、アカマツは文人木など、細幹で樹高の高い樹形がつくられます。あまり樹形が高すぎても見栄えがよくないので、頂部に手ごろな枝があったら樹芯の立て替えを行って背の高さを低めに維持することが大切な作業になります。

クロマツと同様にアカマツも芽切りを行って枝葉の調節を図っていきます。いわゆる短葉法といわれる作業ですが、アカマツはクロマツほど樹性が強くないので注意が必要です。芽切りは2～3年に1回ぐらいにとどめたほうが無難です。方法そのものはクロマツに準じますが、葉が長めのほうがアカマツらしいので、芽切りの時期はクロマツより2週間ほど早めにします。

「盆栽テクニック・犠牲枝を利用した樹形づくり」

盆栽素材の幹を太らせたい場合、犠牲枝を伸ばすという方法がよく行われます。

犠牲枝とは、樹形のうえでは不要な枝でも伸ばし放題にして養分の吸収を活発にし、幹を太らせる枝のことです。

犠牲枝はそのまま枝で利用することもできますが、ほとんどが不要な枝となります。幹を太らせる目的を達したら早めに切除して基本の樹形づくりを行います。

適期　11～3月の休眠期に行います。

作業のポイント　不要な太枝の多いこのような模様木では幹が湾曲する外側に枝を出すのが基本となります。またこの木の場合、特に長く伸ばした犠牲枝はジンにして利用しますが、それ以外の不要な枝は切除します。なお、針金かけはあくまでも基本樹形づくりですから、枝を下げるなどのおおまかな程度にとどめます。

作業後の管理　3月まで保護室で管理します。

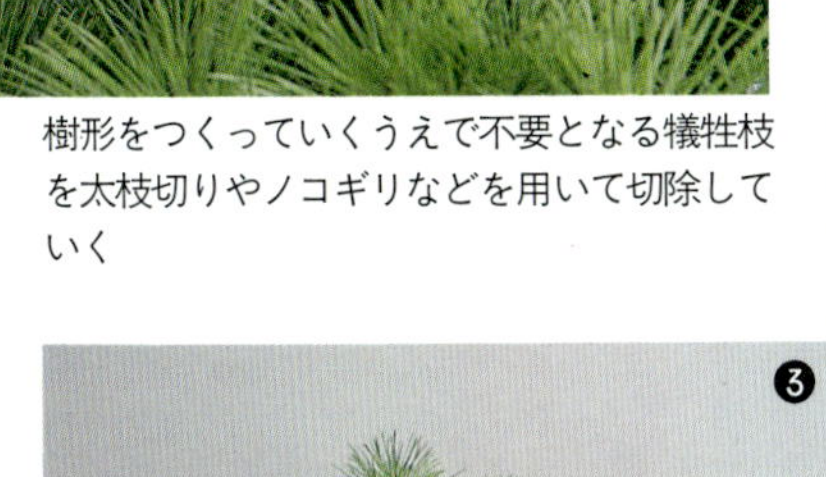

樹形をつくっていくうえで不要となる犠牲枝を太枝切りやノコギリなどを用いて切除していく

素材を左方向から。この木の場合，正面変更の可能性を考えて作業を進めていく。犠牲枝の切除後に新正面の検討を行う

犠牲枝の切除後。ジンにしたい部分を7～8cmほど残して切除した。切除後に旧裏面を新正面に変更した

❻

ジンづくり。すぐ下の小枝が新しい樹芯になるので，切り落とさないよう注意して削る。時間をかけてていねいな作業を心がける

❹

下部の犠牲枝の切除。頂部と同様、樹形上不要な枝なので、元から切除する

❺

不要枝の切除後。余分な枝を落とすと素材の持ち味である太枝がいっそう強調される。傷跡には癒合剤を塗る

❼

作業終了後。針金で枝を下げ気味に整えた。植え替え時には，樹の流れや樹芯の方向に注意して現状より前に倒して植え込む

将来の樹形

10年後

そのほかの松柏盆栽樹種

松柏類ではこれまで紹介したほかにも盆栽につくられる樹種があります。ここでは、それらの樹種について簡単にまとめてみましょう。

●ニシキマツ　クロマツの変異種ですが、盆栽界ではニシキマツと呼ばれます。クロマツとの最も大きな違いは、はぜたように荒れた幹肌で、これがニシキマツの魅力にもなっています。はぜた幹肌のために直径は太く見えますが、実際にはかなり細い幹で生育するのでクロマツに比べると少し弱いところがあるのが欠点です。盆栽らしさのある樹種で根強い人気もあり、培養面の研究が待たれるところです。

●ソナレ　ヒノキ科の植物で正式名称はハイビャクシンといい、シンパクに似た樹形になります。盆栽よりも庭園樹につくられることが多く、その方面ではなじみの深い樹種といえるでしょう。培養面ではシンパクに準じますが、葉性はトショウに近く、針金かけのときには葉を巻き込まないように注意しましょう。

ソナレ　樹高80㎝でシンパクを思わせるシャリ芸のよさが見どころとなっている。盆栽用樹としての魅力をもつ樹種

●サワラ　ヒノキ科ヒノキ属の植物でヒノキの近親といえる樹種です。樹齢を経るにつれて縦に割れる幹肌に特徴があり、これももっと盆栽につくられてよい樹種といえるでしょう。ほかの松柏類に比べると水と肥料を多めに与えるのが培養上のポイントになります。また、冬の乾いた風に当たると葉焼けを起こすので、風の通らない場所に置くか風よけをつくるなどの保護が必要になります。

●カラマツ　松柏類としては珍しく落葉する樹種で、季節によって樹姿が変化するという点が大きな魅力といえます。ただし、夏の暑さに弱いという難点がありますので、しっかりとした夏越しの対策が求められます。鉢植えの素材として園芸店などにも置かれていますので、よいものを選んで、寄せ植えなどを行って楽しまれたらいかがでしょうか。

●メタセコイヤ　葉が小さく、木肌も美しいので、盆栽用樹として可能性を秘めた樹種といえます。枝味に乏しいという点に難がありますが、文人風、立ち木風につくることで楽しめる樹種です。

●チャボヒバ　樹性が強く、枝も密に伸び出るという性質があるので中型、小品盆栽につくりやすい樹種といえます。夏期は日焼けするので、明るい日陰に置きます。

松柏盆栽の育て方と楽しみ方

酷寒の地に自生するエゾマツ。冬の豪雪などで自然の整形がなされ，さながら盆樹のような樹形美をもつ

松柏盆栽の育て方

盆栽の樹格を向上させるには盆樹の健全な生育は絶対に欠かせません。それには育て方のポイントを知ることが大切になります。

盆栽の棚場

ビニールハウス内の盆栽。ビニールハウス内だと風よけはもちろんのこと、日照条件も良好で冬期には絶好の置き場になる

置き場

松柏盆栽を管理する場所は通風、日当たりのよいところが第一の条件になります。

ただし、通風や日当たりが良好といっても、じかに地面に置くのでは雨天のときなどは泥水がはねて木や鉢が汚れますし、病虫害が発生しやすいこともありますから、必ず盆栽棚や盆栽台で管理するようにします。

盆栽棚をつくる場合、水やりなどの手入れ、さらに観賞のことを考えると、高さ60～70㎝ぐらいが理想的といえるでしょう。幅や長さは盆栽置き場に使えるスペースによりますが、あまり奥行きのある棚は作業をするのに不便になりますのですすめられません。

また、棚をいくつもつくれるスペースをもつ場合、棚と棚の間に1ｍぐらいの通路を考えるようにしましょう。

盆栽台は、懸崖樹形の盆栽を置くのに便利なもので

夏期の日よけ。午後の日ざしが強いところではスダレやヨシズなどを使って日よけをする方法もある

す。高さ90㎝ぐらいの丸太か角材を使用して、上に厚板を固定させてつくります。懸崖ものでは垂れ下がった枝が地につくのを避けるなどの利点のほか、盆栽置き場に変化をもたらすなどの観賞上の効果も盆栽台には期待できます。

なお、最近の傾向として、都市部に住む方ではベランダや屋上を置き場に利用することが多くなりました。松柏盆栽は陽光を好む樹種が多いので、ベランダや屋上の置き場は培養上に不適とばかりはいえません。

特に、このような場所で注意したいのは強風対策でしょう。棚の高さも低めにして、盆栽をしばったりなどの固定の方法、ビニールの波板や板などを利用しての風よけも考える必要があります。

さらに、盆栽の落下を防ぐため置き場のまわりを金網などで囲うことも必要でしょうし、小品盆栽では砂を敷き詰めた大きな入れものをつくり、その中に鉢を半分ほど埋め込んで固定するのも一つの方法です。

とにかく、なんらかの工夫でベランダや屋上も松柏盆栽の置き場として十分に楽しめるはずです。

保護室で管理される盆栽。完全な日陰と明るい日陰になるところがあるので水やりには注意

もう一つ置き場の問題で考えなくてはならないのが夏越しと冬越しですが、松柏盆栽につくられる樹種ではあまり心配する必要はありません。コメツガ、エゾマツだけは厳暑期には日陰に置き、厳寒期には乾いた北風の当たらないところに置くなどの保護が必要ですが、そのほかの樹種は寒冷地を除いて一年中戸外の棚場で管理してさしつかえありません。ただし、植え替えや針金整姿など大作業を行ったものでは夏は明るい日陰、冬は保護室に置いて管理します。

水やり

盆栽を育てていくうえで最も大切で基本的なものが水やりといえるでしょう。

盆栽に限らず鉢に植えられた植物は、人間が水を与えてやらなければ枯れてしまうことはいうまでもありません。逆にいえば、生育に必要な最低限の水を与えてやればそうそう枯れるものでもないのです。

ところが、盆栽における水やりとはただ生かしておけばよいというだけではありません。盆栽界では「水やり3年」という言葉があります。これは、水やりという作業が経験を積むことで学ぶことが多いという意味ですが、盆栽をうまく培養し、できるだけ早く樹格を向上させるには与える水の量などの調節が必要になります。これを水かげんといいます。

本来、盆栽における水やりとは一定の量を木に与えておけばよいというわけではありません。樹種、木の大小、樹勢、老若、また鉢の大小、深浅、植え替え後の時間の経過による用土や根の具合、置き場の環境などさまざまな条件が考えられて行われるものです。これを間違えると幹や枝葉が伸びすぎてしまうなど、樹形の乱れの要因にもなりかねないものです。つまりは盆栽の数だけ水やりの方法があるといっても過言ではないでしょう。

水やりの回数は目安として普通は1日に1回、夏は1日に2回といわれますが、これはあくまでも目安であって土面が乾いたら水やりを行っていきます。

ただし、このように述べますと、一日中盆栽のそばにいられる方以外は盆栽づくりが困難となってしまいます。以下、盆栽づくりに必要な最低限の注意事項をまとめてみましょう。

水やり用のおおがめ。返し水，ひろい水にこのようなかめがあると便利

小さいジョウロでの水やり。返し水，ひろい水などは小さいジョウロで棚場を回る

ホースを使っての水やり。勢いを強くしすぎて土などをはじき飛ばさないように注意

厳暑期に盆栽を水につける。乾きがちな盆栽は1日1回行って水分を十分に補給

ジョウロでの水やり。水やりを行うときは鉢底から水が抜ける程度に十分に与える

◉初夏から夏にかけての木の成長期は多少多めにし、秋冬の休眠期は少なめにします。特に厳寒期に多めに与えると凍結の原因になりますので注意が必要です。

◉保護室に入れたものでは1週間に1回ぐらいの水やりが目安になりますが、日の当たる場所では乾き具合によって1日に1回の水やりが必要になることがあります。

◉若木は成長力がおう盛ですから、よく水を吸い上げます。古木よりも多めに与えるようにします。

◉樹勢のおう盛な木では普通よりも水を吸い上げます。ひととおりの水やりを終えたあとにもう一度水を与えたり（返し水）、その木だけに水やりの時間以外に水を与えたり（ひろい水）するなど、ケース・バイ・ケースの処置が必要です。

◉夏場などでひどく水切れしたものなどは、まず葉に十分水をかけ、鉢ごと水槽につけるなどして十分に水分を補給してやることが必要です。

◉水をあまり吸い上げない木で葉色の悪いものなどでは、水やりを控えめにして様子を見ます。

◉一方からだけの水やりですと、よく水のかからない部分ができます。木の表裏から水やりを行い、全体に水分がいきわたるようにします。

肥料

盆栽は鉢という限られた場所で生育していますから、どうしても養分が不足してきます。特に、これから成長してほしい若木などでは、肥料を十分に施す必要があります。松柏盆栽に使用する肥料を大別すると、固形のものと液体のものとがあります。

固形肥料は持続性はありますが速効性がなく、液体肥料は速効性はあるのですが、持続性がないのが特徴といえます。

このように異なった性質をもっているので、上手に使い分けると肥培効果が確実に期待できます。

肥料の問題で一般的にいえることは、肥料の施しすぎで木を傷めることはあっても、肥料を少なくしても木を傷めることはありません。施しすぎは厳禁ですから注意が必要です。肥料を施す時期は厳暑のころは避け、春から秋にかけて月1回程度を目安とします。施す量は親指大の固形肥料を鉢の四隅1個ずつぐらいでよいでしょう。液体肥料は使用説明書に従います。若木は多めに施します。

なお、植え替えを行った木は、1か月ぐらいは肥料は施さずに根の成長を待ちます。スギ、トショウ、ヒノキなど、春から秋まで芽を摘み続ける樹種は多少多めでもよいでしょう。

また、梅雨期や秋の長雨のときは固形肥料は少なめにするか、除去します。

固形肥料の置き方

少なめの施肥。親指大固形肥料を2個ほど

普通量の施肥。親指大固形肥料を4個ほど

多めの施肥。親指大固形肥料を8個ほど

用土

盆栽を植えるときに使用する用土には赤玉土、鹿沼土、黒玉土などがあり、砂には富士砂、桐生砂、矢作砂などがあります。

なかでも松柏盆栽の用土に多く使われるのは赤玉土で、これに各地で産出される前記の砂などを混合して使用します。

盆栽用土の条件としては通気性、排水性のよいこと

用土の配合剤

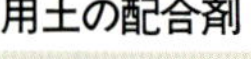

や保水力があることがあげられます。排水性があって保水力があるというと相反するようですが、これは適当な粒状の用土にすることで問題なくなります。このためにはみじん（微塵）粉をフルイでふるって除去します。

市販の赤玉土や砂を購入して盆栽の用土にするのが普通ですが、使い方は鉢の大きさや深さによって違いがあります。一般的には3段階にふるい分けて使えばよいでしょう。

最も粗い粒（6～10㎜）はゴロ土として鉢底に敷いて水はけをよくするために使います。中間の土（2～5㎜）を用土として一番多く使います。これより細かい土（1～2㎜）は仕上げとして表面に使い、化粧土とします。

赤玉土と砂の割合は、松柏と雑木類では若干の違いがあります。松柏類では赤玉土が6～7に対して砂が4～3ぐらいの混合にします。ちなみに雑木類は土を多めにして使います。なお、一度でも使われた古土は使わないようにします。

また、盆栽用の植え土は肥料分のないほうがよく、新根が十分張ってからの置き肥や追い肥で肥料分を調節していきます。

●病害

葉ふるい病に侵されたゴヨウマツの葉。葉に斑点が出たら要注意で，銅製剤などの適応薬剤で早め早めに対処していく

病虫害に侵されて枯れた枝をジンに。だめになった枝は根元から切除するだけでなく，位置によっては枯れた部分を削ってジンにして楽しむのも一つの方法

病虫害

病虫害を防ぐことは健康的で見栄えのよい盆栽をつくるために欠かせないことです。

そのためには、まず病虫害にかからないように予防し、被害を受けても早期に処置していくことがなによりの対策といえるでしょう。なかには伝染性の強いものがありますのでくれぐれも注意が必要です。

例えば、水やりのときなどに盆樹の観察を行うなどの習慣をつけるのも病虫害対策の有効な手段となります。木の様子が少しでも異状をきたしていたら、まず病虫害の被害を疑ってみる必要があります。

ここでは松柏盆栽のかかりやすい病虫害の対処法をまとめてみましょう。

■病害

●葉ふるい病　全国各地で発生し多くの人が被害を受けています。葉に斑点が入り葉を落とす病気ですが、5～7月ごろ新葉に伝染するので、銅製剤、ボルドー剤などを1か月2回の割合で散布し予防駆除します。

●赤枯れ病　葉が黄変し、やがては枯死にいたる病害で、やはり新葉に発生します。これは発見しだい銅製剤を散布してやればよいでしょう。

病虫害防除のポイント

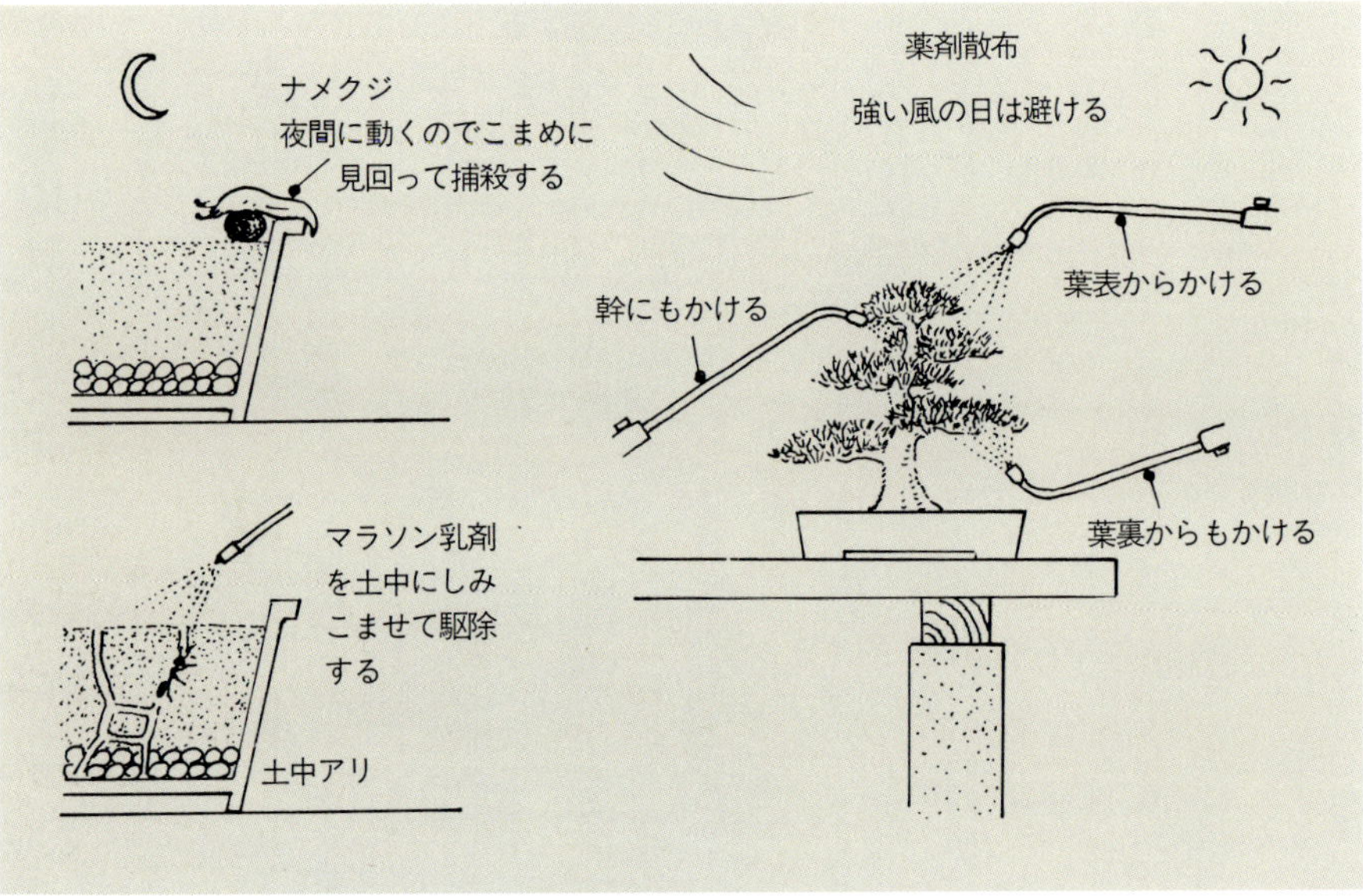

●すす病 アブラムシの分泌物が原因で発生し、枝葉が黒ずんで見栄えが悪くなります。アブラムシの駆除が予防の第一ですが、発生したらボルドー剤やダイセンを、冬期には石灰硫黄合剤を使用して駆除します。

■虫害

●アブラムシ 樹液を吸う害虫で春と秋に多く発生します。マラソン乳剤、スミチオン乳剤が効果的です。

●ワタムシ 放置すると樹液が吸われ木が弱ります。マツノコナカイガラムシともいわれ、カイガラムシの一種です。カルホス乳剤を噴霧器に入れ散布口を白い綿状になった部分に向けて洗い流すように散布すれば駆除できます。

●ハダニ 発生初期の発見が難しく、樹液を吸われることにより葉が黄変してから気づくことの多い虫害です。殺ダニ専用剤で駆除すればよいでしょう。

●ケムシ 葉を食害するので発見しだい捕殺します。

ほかに、病虫害の予防駆除として、冬期に石灰硫黄合剤の20～30倍希釈液を散布するのも効果的で、ぜひとも行いたい作業となります（34ページ参照）。

なお、病虫害の被害を受けた枝などは元から切除するのが一般的ですが、これを枝ジンにつくり直すのも一つの方法です。

盆栽用具

松柏盆栽を培養し、樹形をつくっていくには数種類の道具が必要になります。

最近は、盆栽用具も新しいものが次々と開発されて便利になってきましたが、初心者ではそのような盆栽用具のすべてを必要とはしません。盆栽技術の向上につれて、徐々にそろえていけばよいでしょう。

●**回転台**　大型の松柏盆栽では特に必要なものです。作業をする場合、盆栽を動かせなければ、自分が木の周囲を回らなければならず、たいへん不便です。その点、回転台を用いれば、自分は動かず、わきにハサミなどの道具を置いて作業ができます。また、枝の長短、角度、枝と枝との関連など、鉢を持って回して見るより十分に観察が行えます。

なお、回転台はあまり軽く回りすぎないものが使いやすいでしょう。回るだけのものより、上下にも動くものが便利です。

回転台

●**剪定バサミ**　庭木などを剪定するときにも使うハサミです。中ぐらいの太さの枝切りや、植え替え時の根の切り込みなどに用います。

剪定バサミの使い方で注意したいのは、小さなもので太い枝を無理やりに切ろうとするとハサミ自体がこわれてしまいます。枝の太さに合ったものを使いましょう。

●**長柄剪定バサミ**　剪定バサミより細長くて軽いハサミで、主に細かな枝や、枝葉が茂った内側の枝の剪定に使われます。盆栽には欠かせない用途の広い、使いやすいハサミです。

●**芽摘みバサミ**　盆栽用のハサミのなかで最も小さいハサミです。名前のとおり、枝の先端の細かい部分の切り込みに用います。小品盆栽には欠かせない道具といえます。

●**ピンセット**　害虫の捕殺や、雑草の除去、細かな芽摘みに用いますが、根張りのかき出しの際、コケや土

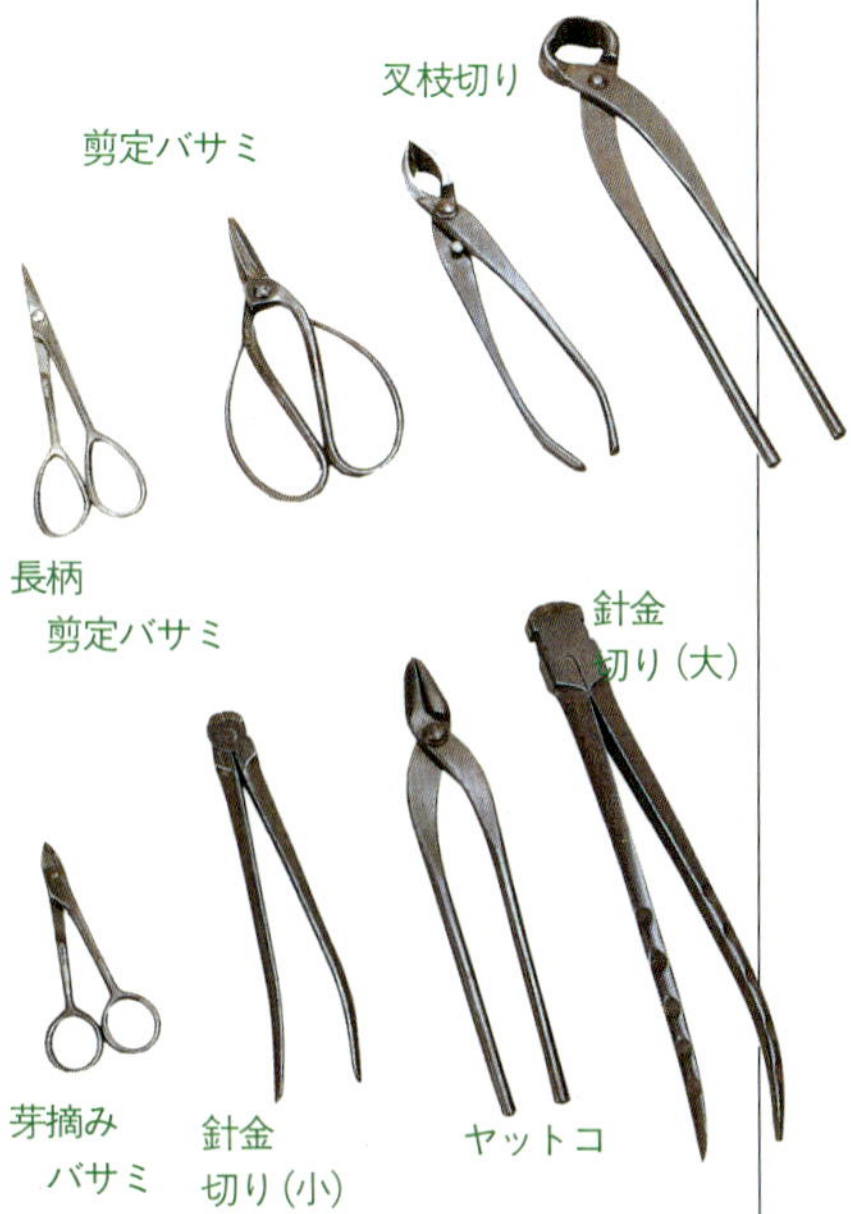

剪定バサミ

叉枝切り

長柄
剪定バサミ

針金
切り（大）

芽摘み
バサミ

針金
切り（小）

ヤットコ

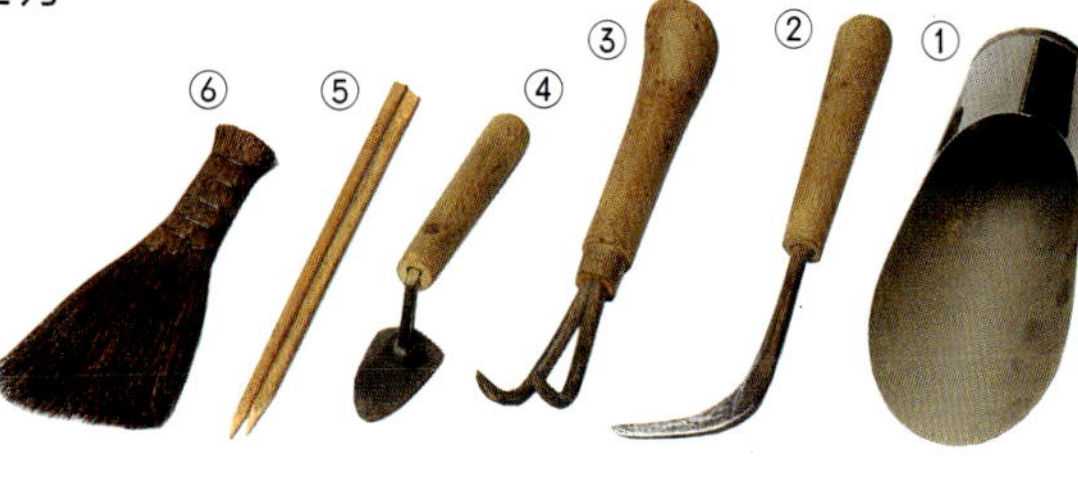

①土入れ②鉢から抜くときに使うカマ③クマデ④コテ⑤竹ばし⑥シュロぼうき

の除去にも便利です。

叉枝切り　幹から出ている大きな枝を切り取るときや、植え替え時に、太根の切り取りなどに使います。太枝をハサミで切り取ると、枝のつけ根の部分が残り、幹にこぶができる原因になりますが、叉枝切りは枝のつけ根からきれいに切り取ることができます。また、刃の先端部分を使うと、幹がえぐれて切り取れるので、見苦しい幹のこぶの発生を防ぐことができる道具です。

針金切り　針金かけの巻き終わりできっちりと切り取るには針金切りはうってつけの道具です。例えば、ハサミでは枝も切ってしまうことがよくありますが、針金切りを使うとその心配はありません。また、針金はずしのときも針金を回さずに切り取るときなどは、早くて便利な道具です。太い針金を切るときはカッター式がよく、細い針金はハサミ式の針金切りが便利です。

なお、ペンチで針金を切ると先端部で枝に傷をつけてしまうことがよく起こりますので、なるべく針金切りを使用しましょう。

ヤットコ　針金かけや針金はずしを行うときに必要な道具です。針金の先端をつかみ、回しながらねじると幹や枝に傷をつけずに作業を行えます。針金をつかむ部分にはすべり止めの溝が彫ってあるので太めの針金でも扱いやすくなります。

フルイ　用土をふるい分けるときにどうしても必要な道具です。みじん粉の除去や、底に敷いて水はけをよくするゴロ土のふるい分けなど、網目の違う3種類ぐらいのフルイを用意するとよいでしょう。

その他の用具類　シュロぼうきは、植え替え時の表土のならしや枯れ葉掃除、盆栽棚の清掃に使います。竹ばしも植え替え時に、古土取りや新しい用土の突き込みなどに便利です。

ナイフはつぎ木やとり木作業での必需品です。ハサミやナイフなど、切れ味が鈍ったら砥石でといで、いつでもよく切れる状態にしておきましょう。切れない道具で無理に切ると切り口がつぶれた状態で、傷口の癒合が遅れたり、傷口がきれいに治らない原因となります。

このほか毎日の水やりに使うジョウロ、ホースの先につける灌水ノズル、消毒用噴霧器、植え替え時に土をほぐすクマデ、土を押さえるコテなど、盆栽づくりに欠かせません。

植え替え

植え替えは盆栽づくりのなかでも大切な作業の一つといえます。

盆栽は小さな鉢の中の限られた土で培養されます。ですから、ときどきは土を新しくして、根の若返りを図ってやるのも、木の健全な生育に欠かせないことです。

植え替えから3年ぐらいもすると、鉢の中いっぱいに根が回り、植え土が硬くなってしまいます。こうなると水やりをしてもほとんどの水が根鉢の外側に流れてしまい、鉢の中にしみ込む水はごくわずかなものでしかありません。植え替えを怠っての水切れで木を枯らしたという例も意外なほど多いものです。

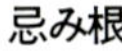

忌み根

目的

このように植え替えは油断してそれを怠ると枯死にいたる原因にもなりますが、盆栽づくりにおいては木の生育上以外にも大切な作業といえます。以下にそれをまとめてみましょう。

●**強く伸びすぎる枝の整理**　強く伸びる枝があると、必ず強く伸びる根があります。この強く伸び出す根を植え替え時に整理すると、強く伸び出した枝も落ち着いたよい枝になってきます。これは根と枝のバランスがとれている証拠といえるでしょう。また、強く伸びすぎる枝は小根の発生を妨げます。このような枝を整理することで小根をふやし、ひいては小枝をふやすことにつながります。

●**多すぎる根の整理**　植え替えを怠ると根が固まったり腐ったりします。これをときほぐすのも植え替えの目的の一つです。また、この作業は古根の整理にもつながりますが、古根がなくなると新根が発生し、やはりよい小枝をふやすことにもなります。

●**忌み根の整理**　根と根が絡んだり、またぎ合ったり

●ゴヨウマツの植え替え

盆栽における植え替えは木の生命を維持させる培養上の作業だけでなく，根張りを向上させる樹形向上の作業でもある。その意味では「根の剪定」でもある植え替え作業を，ここではゴヨウマツを例にして紹介しよう

❶ ゴヨウマツ作業前。7～8年ほど植え替えを怠っていたもので，木の成長により似合わなくなってきた鉢替えを兼ねて植え替えを行っていく

❷ 根鉢周囲の土かき。鉢の中がふくらむ袋式の鉢なので，このままでは抜きにくいので，土かきの作業をしてから鉢を抜く。専用のカマを使う

する忌み根の整理も植え替え時に忘れてはならないものです。忌み根を放置すると、よい根張りを得ることは困難で、これは八方根張りの木に仕立てるための作業になります。

●用土を新しくする　最初は粒状の用土も数年でつぶれて細かくなってしまいます。土はこのようになると根が水、肥料、空気を吸収するのを阻害します。単純なことですが、新しい用土に替えることも植え替えの大きな目的です。

■植え替えのサイクル

若木と古木では根の伸び方がかなり違います。若木は樹勢がおう盛で太根、小根とも成長が活発で、そのために土の固まり方も早くなります。ちなみに盆栽界ではこの状態を「土を食い切る」といいます。つまり、若木では植え替えのサイクルを古木よりも短くして1～2年に1回ぐらいにします。

一方、古木は年輪を重ねるほど太根がだんだんと少なくなり、ほとんど小根だけが発生するようになってきます。ですから植え替えのサイクルも長くなり、松柏盆栽の古木では3～5年に1回ぐらいになります。なお、先ほども少し述べましたが、小根と小枝には相関関係があり、小根がふえるほど小枝もふえていきます。

■植え替えの適期

昔から植え替えは春、秋の彼岸ごろがよいとされています。

春の彼岸ごろは新芽がくり出すときで、木に勢力が出始めるときで失敗が少ない安全な時期といえます。また、秋は、暑い夏も終わり、冬に備えて新根が伸びる時期です。ですから、このときに植え替えを行うのも理にかなっていることになります。

根鉢の様子。長い期間植え替えを怠っていたので根鉢いっぱいに根が回っている

根鉢周囲の整理。底根と同様に根をほぐしながら不要根を整理していく

底根の整理。密生して固くなった（土を食った）根をほぐしながら不要根を切除していく

上根の整理。よい根張りを得るために絡み根などの忌み根，不要根などを切除する

しかし、用土に使用する赤玉土は霜柱がよく立つ性質があり、厳寒期にはこのために上根が切れることがあります。秋に植え替えたものは室内での管理が必要になります。

春と秋の植え替え時期のほかに、ゴヨウマツだけは8月の土用明け（下旬）に行うことができます。暑くても植え替え後、直ちに日の当たる場所に置いたほうが新根がよく伸び、よい結果が見られます。

また、トショウ、スギは5～6月に行ったほうが失敗が少なく、その後の成長も順調です。

植え替え時の注意

植え替え時の注意点は図や写真で紹介し、樹種紹介のページでも説明してありますので、ここで詳しく説明することは避けます。

ただし、ここで少し述べておきたいのは古い土と新しい土とを取り替える、根鉢を取り去る割合の目安です。これも若木と古木では違いがありますが、若木では2/3、古木では1/2ぐらいでよいでしょう。

また、このときには根鉢の周囲ばかりでなく、底の部分の土も取り去るようにしましょう。底部には強い根も伸びますので、それを切除することも忘れないようにします。

根鉢整理の仕上げ。さらに古土，不要根などを整理する根鉢全体に最終的な仕上げを行う

用土の突き込み。赤玉土７，砂３の用土をすき間をつくらないように竹ばしで突く

整理後の根鉢の状態。作業前に比べるとおよそ$\frac{1}{3}$ぐらいになっている

作業終了後。鉢替えを兼ねた植え替えであり、新しい鉢は少し大きめの色合いも違う長方の鉢が選ばれた

特に、浅い鉢に植え替えるときは入念に行います。

植え替え後の管理

適切な時期に普通の植え替えをした場合には、作業後、直ちに戸外に出し、日光に当ててもさしつかえありません。

ただし、元土をたくさん取り去り、根もかなり切り取った場合は若干の保護が必要です。

植え替え後２～３日は室内に置き、その後の１週間ほどは戸外の日陰に置き、葉水をときどきかけることを忘れないようにします。１週間を過ぎたら、だんだん直射日光に当てていくようにします。

なお、作業後は鉢底から水が流れ出すくらい十分に水やりを行います。

根を切られているので根鉢の部分が乾くものですから、乾いた部分に水やりをし、木全体がぬれるよう葉水かけをしてやると、弱った木が楽に新根を出しやすくなり、保護の一つとなります。

また、春は乾いた強い風が吹くことがあります。その場合は風の当たらない場所に置いてやることも大切です。１か月もすると木も落ち着き、新芽も伸び出します。

芽摘み

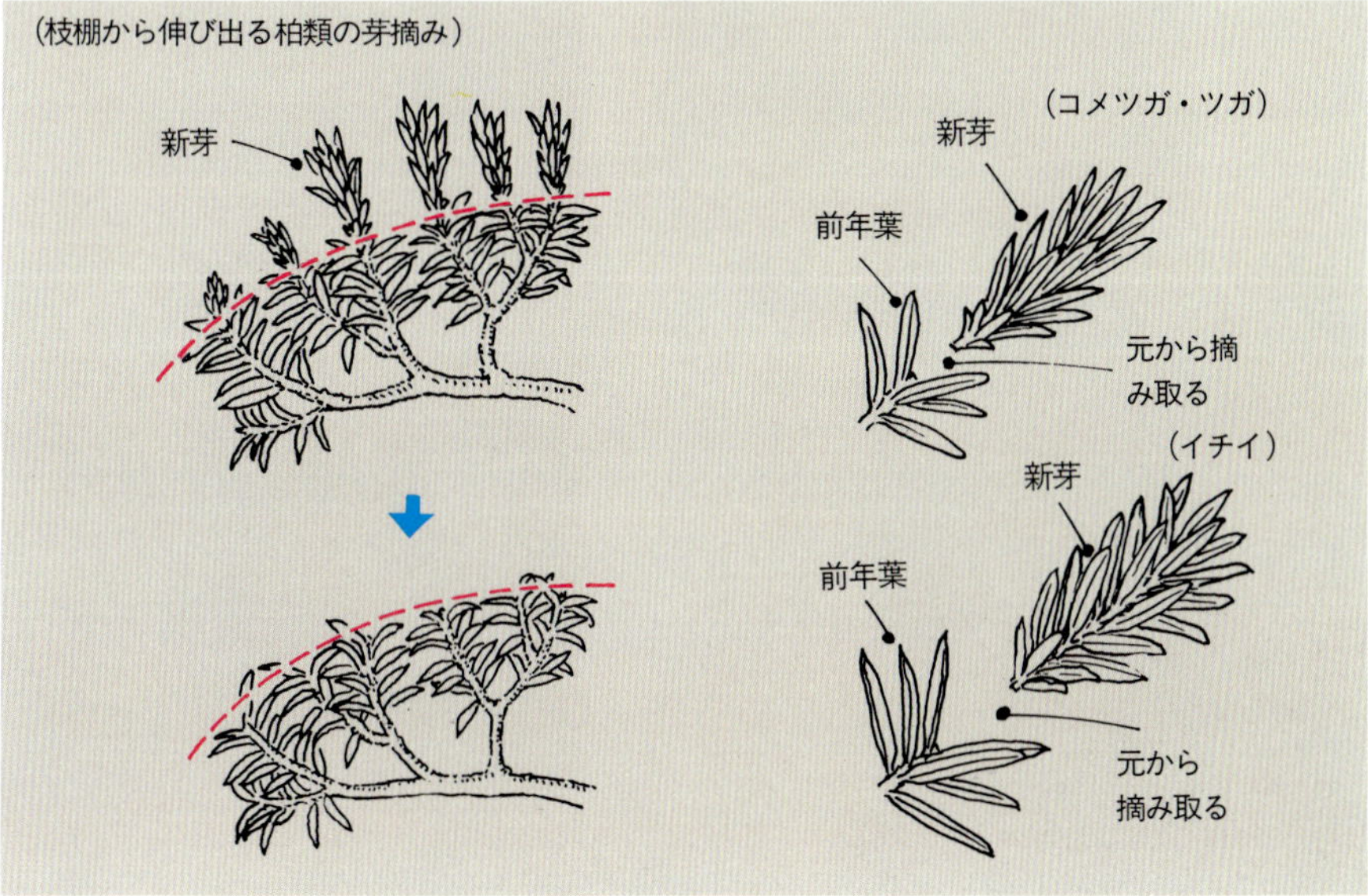

(枝棚から伸び出る柏類の芽摘み)

新芽

(コメツガ・ツガ)

新芽

前年葉

元から摘み取る

(イチイ)

新芽

前年葉

元から摘み取る

樹形づくり

■芽摘み、芽切り

松柏盆栽の樹形を維持向上させる技術には、芽摘み、芽切り、剪定、針金かけなどがあげられますが、それぞれが樹形づくりのうえで欠かせない技術といえるでしょう。

まず、芽摘みと芽切りは枝葉の調節にとって大切な作業となります。芽摘みはマツ類、柏類を問わず行い、芽切りはマツ類のなかでもクロマツ、アカマツ、ゴヨウマツに行いますが、樹種によって方法が違うので注意が必要です。

●**マツ類の芽切り**　クロマツ、アカマツでは短葉法とも関連し、ゴヨウマツでは中芽切りとも呼ばれます。いずれにしても葉の間のびを防ぎ小枝をふやすテクニックで、3樹種の枝葉調節には大切な作業です。

●**マツ類の芽摘み**　クロマツなどではロウソク芽摘みと呼ばれるように、1本の新芽が長く伸び出した芽を樹勢の強いところでは深く、弱いところでは軽く摘んで勢いの平均化を図ります(マツ類の芽切りと芽摘みは「鉢植えから盆栽へ」と樹種別ページ参照)。

●**柏類の芽摘み**　シンパク、トショウ、スギ、ヒノキ、イチイなどに行い、マツ類のエゾマツやツガもこのグ

忌み枝

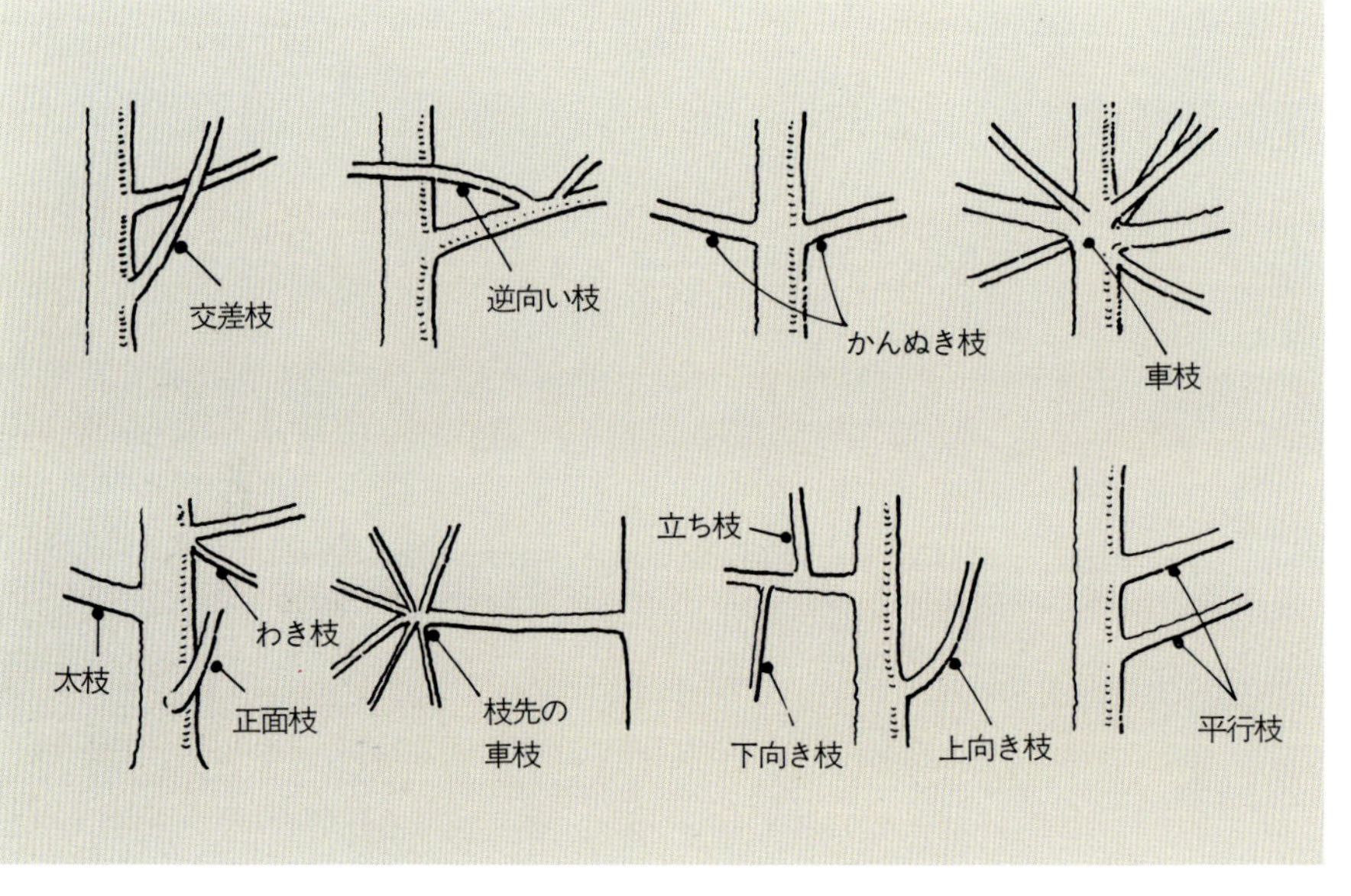

ループに属します。房状や固まって伸び出す芽を指で摘んでいきますが、これも樹勢の強い部分では残らず摘み取り、弱い部分では半分ほど残して摘みます。

■剪定

剪定も盆栽の樹形づくりには大きな意味をもちます。そして、剪定も目的と方法が違う場合がありますので注意する必要があります。

●剪定の目的　樹勢の強い部分から不用意に伸び出してくる徒長枝の剪定、樹形上の美観を損ねる忌み枝の剪定、枝葉が込みすぎたり枝が長くなりすぎたりしたときに行う追い込み剪定、日照・通風をさえぎる枝葉をすかす培養上の剪定などがあげられます。また、樹高や枝の長さを詰めるために行う樹芯部や枝芯の立て替えも剪定の目的になるでしょう。

●剪定の方法　大きく分けて枝元から切除するときと、幹や枝の途中から切除するという2種類の方法があります。

枝を元から剪定するときは多少えぐり気味にして肉巻きをよくします。また、枝途中から剪定するときは、小枝のすぐ先で切り、枝の間のびを防ぎます。なお、樹芯や枝芯の立て替えを行うときは、新しい芯になる枝のきわで剪定します。

針金かけ

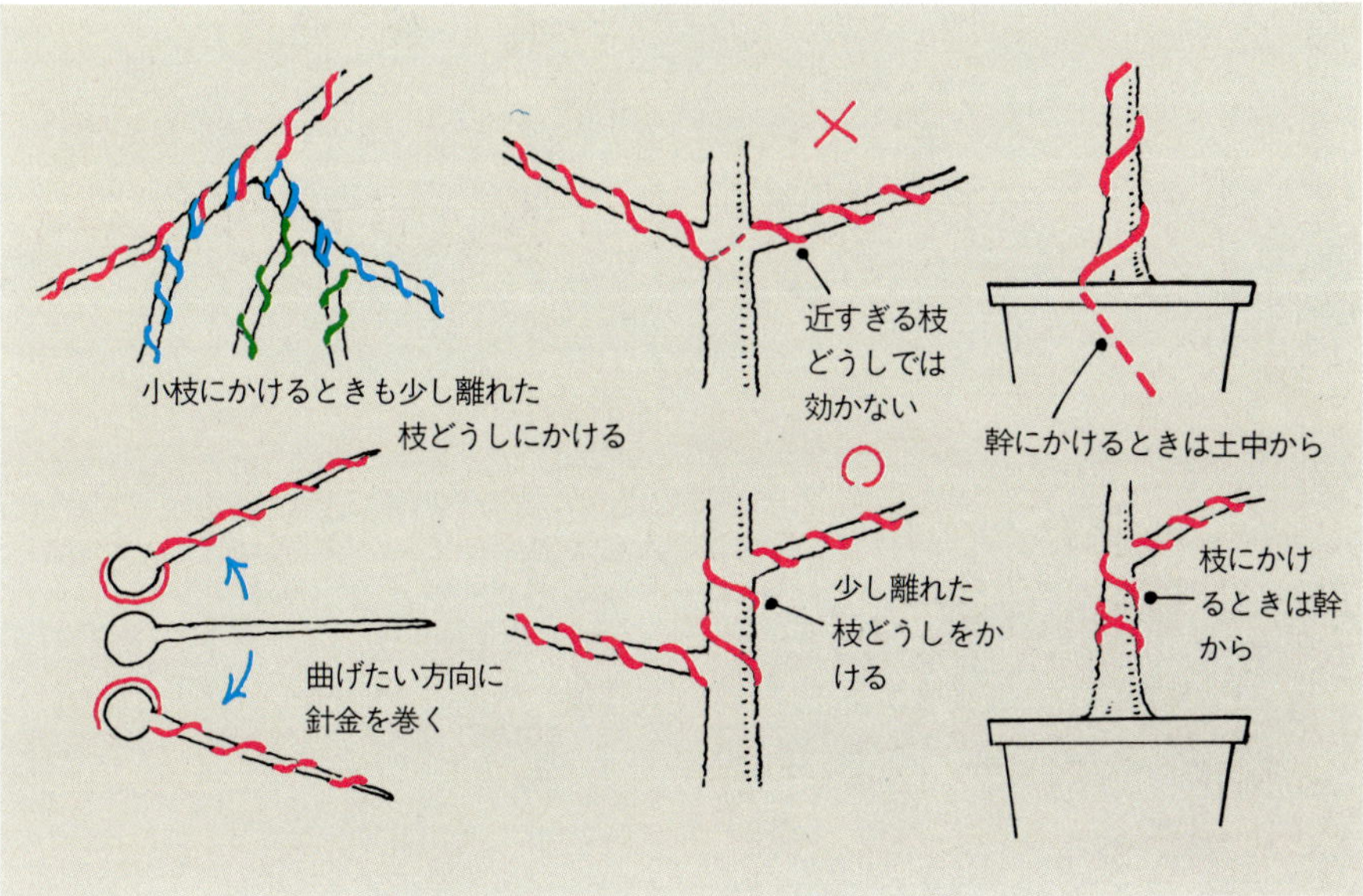

■針金かけ

雑木盆栽などでは、針金をいっさい使わないで樹形づくりを行う「ハサミづくり」だけで盆栽を仕立てる方法があります。ところが、松柏盆栽となると、針金を用いないと樹形がまとめにくいものです。樹形の基本だけでも針金かけの作業が必要になります。

針金かけは、その原理を理解して行うことが大切ですが、ここでは針金かけの効果を上げるいくつかのポイントをまとめてみましょう。

●**針金をかける順序**　針金は大から小へかけるのが原則です。つまり、木全体にかけるときは幹、太枝、小枝の順番でかけます。これはかけやすさばかりでなく、次に述べる有効な針金かけの原点ともいえる支点と力点の応用に深く関連します。

●**支点を固定する**　針金がぐらぐらと動くようでは針金かけの効果は上がりません。針金が動かないように元をしっかり固定して支点としてかけます。

●**曲げたい方向へ巻く**　幹や枝を曲げたい方向に針金を巻かないと、幹や枝は思いどおりに曲がってくれません。ねじりたい、曲げたい方向へ針金を巻いていくのは幹や枝を曲げやすくするコツになります。

●**針金の間隔**　針金は曲げたい幹や枝の角度によって、

針金かけ

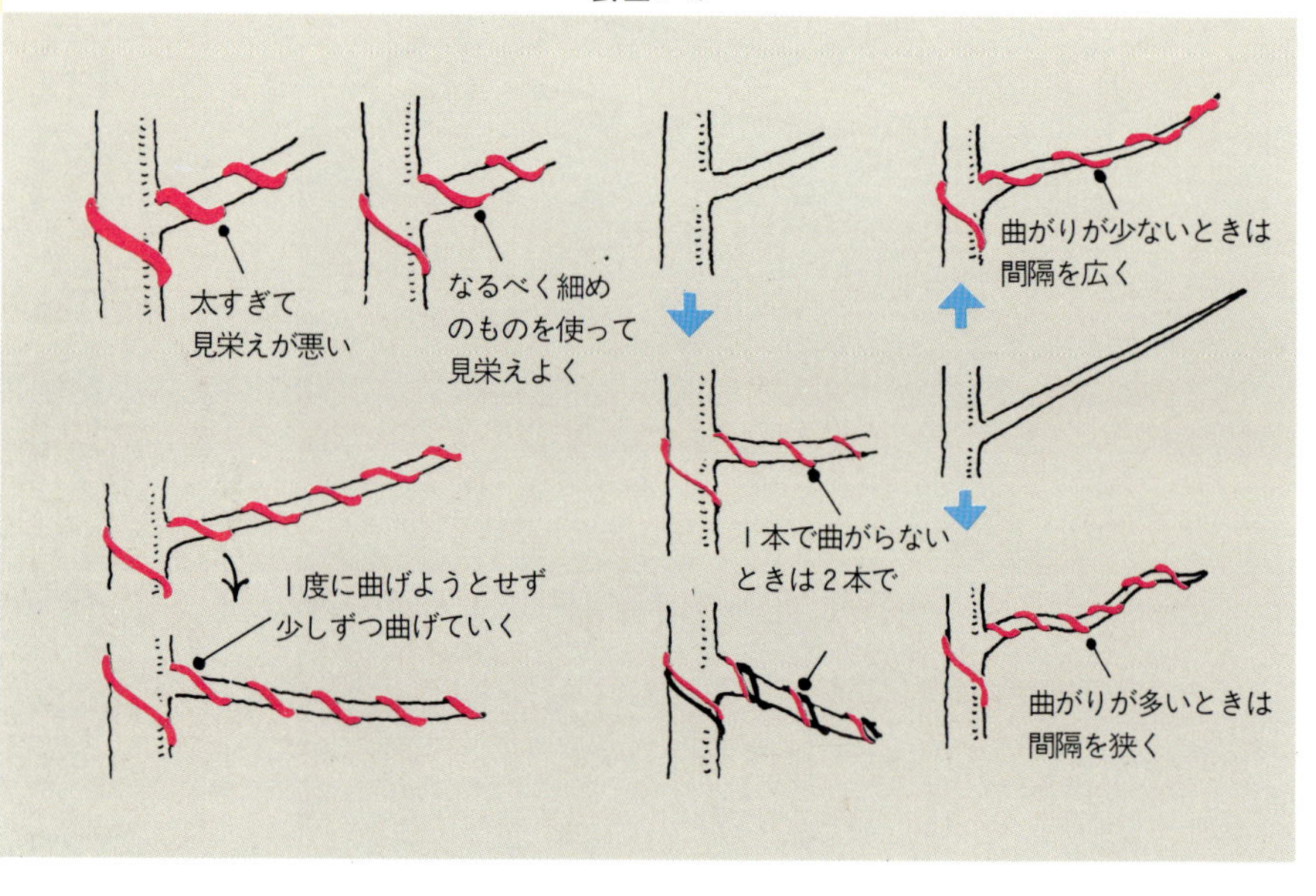

その間隔を調節します。すなわち、曲げる幹や枝が急な角度の場合は針金の間隔を狭くし、角度がゆるやかな場合は針金の間隔を広くします。

●**針金を連係するときは幹をひと巻きしてから**　幹から枝への場合はあまり問題になりませんが、枝どうしをつなぐ場合は幹をひと巻きして支点とし、渡す枝を選ぶようにします。近すぎる枝どうしでは針金の効きが悪くなります。

●**針金の太さ**　木の幹や枝の曲げ方は樹種や樹齢、幹や枝の太細によって違ってきます。一概に針金の太さの目安を出せるものではありませんが、細かい枝先にかける針金が0.4㎜、若木などの幹にかける針金が5㎜程度です。また、1本で効かないときは2本の針金を用いるのもよいでしょう。

●**針金は見栄えよく**　松柏盆栽に銅線の針金を使うのは、適度な固さがあってかけやすく、効きやすいためですが、かけた銅線の色が数か月で木肌の色と似てきて目立たないのも大きな理由です。針金を見栄えよくかけるのも忘れられないポイントの一つです。

●**一度に曲げようとしない**　太枝などを針金で曲げづけするときは、徐々にゆっくりと行いましょう。

松柏盆栽の楽しみ方

盆栽は木づくりから観賞までと楽しみ方の幅が広いものです。ここでは種木の選択から飾り方までを簡単にまとめてみます。

園芸センターに並ぶ盆栽の種木。素質のよい種木を選択することが盆栽づくりの第一歩

種木の選び方、つくり方

盆栽に仕立てていく素材のことを、盆栽界では種木（たねぎ）とか、新木（あらき）と呼んでいます。

種木は市販されているものを購入してもよいのですが、自分で実生、さし木、とり木などの方法で得るのも楽しみの一つといえます。

種木の選び方、購入のポイント

種木を購入するときには、素質のよいものを選ぶために、いくつかの注意が必要ですが、それを次にまとめてみましょう。

●**根張り**　四方八方に数多く出ているものを選びましょう。市販されている根巻きもの（根をわらなどで巻いたもの）などは根をよく広げて、放射状にして植えます。そのままの状態で植え込むと不必要な絡んだ根が太って見苦しい根張りになってしまいます。

●**幹**　根元から素直に立ち上がっている幹立ちのよい

種木の選び方のポイント

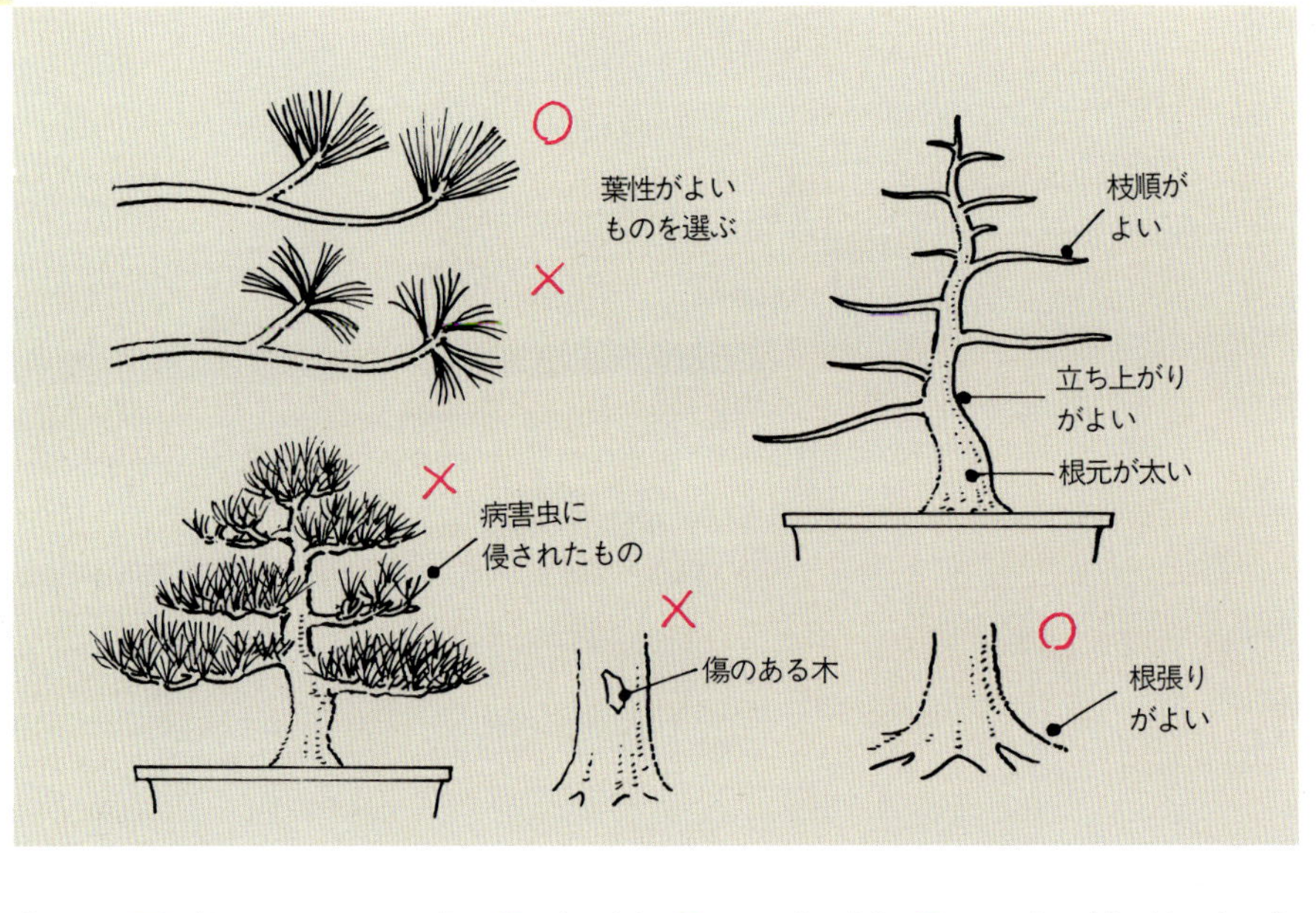

ものがよい種木といえます。また、根元が太く、幹が上になるにしたがって徐々に細くなっている状態をこけ順がよい木といいますが、このような木も良質な素材です。さらに、幹に傷のないもの。幹に大きな傷などがあると治っても傷跡が残り見苦しいものなので、このような種木は避けます。

●**枝** 下の枝は太くて長めで、上にいくにつれて細く短く、しかも四方に出ているものが枝順のよい木ということになりますが、このような素材も得がたいものです。

●**葉性** 特にゴヨウマツは葉がねじれていない、太く短いものを選びましょう。葉性のよし悪しは先天的なものなので、選ぶときに注意したいものです。

●**樹形** 盆栽には数多くの樹形の素材がありますが、自分がつくりたい樹形の基本を備えているものを選ぶことが大切になります。

そのほか、種木の入手方法としては、実生、さし木、とり木の繁殖法が考えられます。以下それについても触れてみましょう。

■**種木のつくり方、実生（みしょう）**

実生法とはタネをまいて苗木をつくる繁殖法です。実生法の長所としては一度に多くの素材を得ることが

種木のつくり方［1］実生法

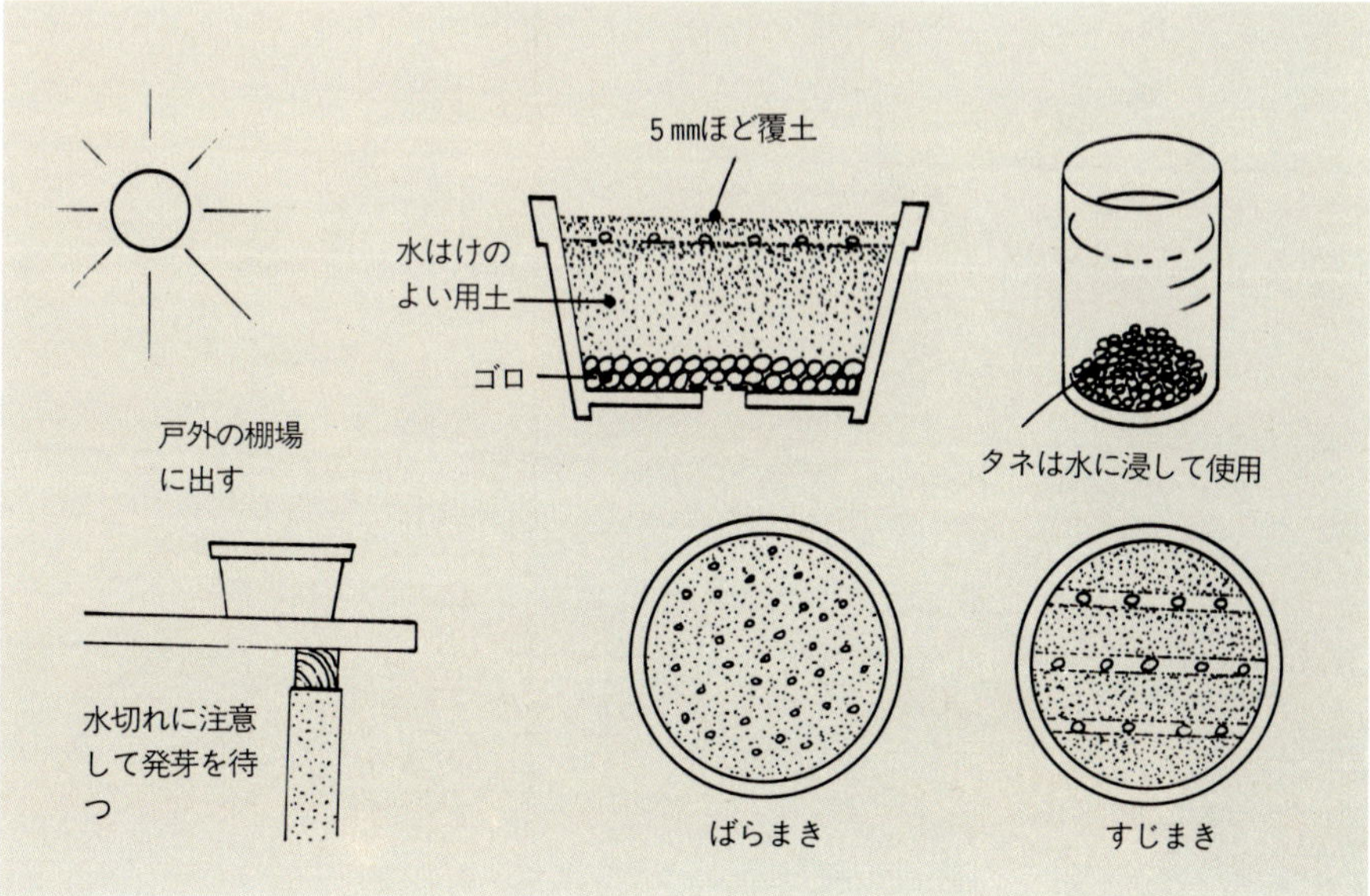

できることにあります。

そして、素直で傷がなく、立ち上がりが美しい点は、とり木、さし木で仕立てたものにない特徴になります。

さらに、小さなものができる、品種改良ができる、木の活力が強い、若木のうちなら幹模様がつくれる、などがあげられます。

一方、実生法の短所としては成長して太くなるのに年数がかかることがあげられます。また、親木のよい素質を受け継がないもの（実生変異）が生まれることもあります。

実生が行える樹種にはクロマツ、アカマツ、ゴヨウマツ、カラマツ、スギ、ヒノキ、ツガ、イチイなどがあります。タネの購入先は大手の種苗会社ですが、盆栽に仕立てる種類すべてがあるとはいえません。植林用や庭園樹用以外は入手が難しいので、自分でタネを探しての盆栽づくりを行っている人もいます。

タネをまく適期は、一般には春3月中旬から梅雨期までが最適とされています。何のタネでも一晩水につけてから翌日にまきますが、水に沈んだタネが充実したものなので、これをまくようにします。

さて、タネまきの実際ですが、まずはまき床には水はけのよい中深（10～15㎝）ぐらいの素焼き鉢か木箱

種木のつくり方［2］さし木

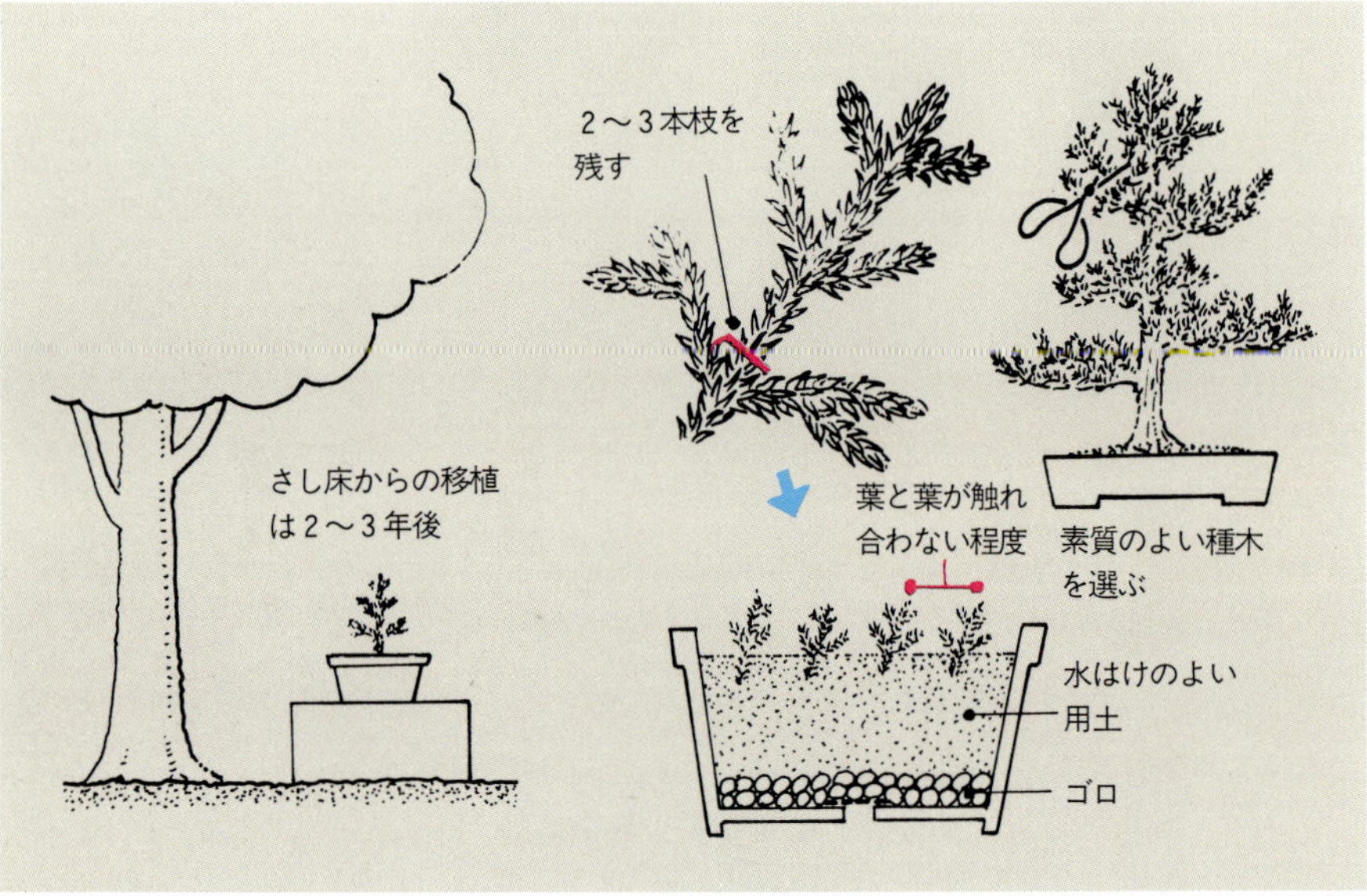

を用います。用土は赤玉土6～7、砂3～4で配分したものを使います。底にはゴロ土を敷いて水はけをよくしておきます。

タネまきにはいわゆるばらまきとすじまきがあります。粒の大きなものはすじまき、小さなものはばらまきで行います。

用土は鉢いっぱいに入れずに水しろをあけておきましょう。水を十分にかけてから日光がよく当たる場所に置きます。その後の管理としては、表土が乾いたら水やりを行うよう注意します。

なお、松柏類の発芽は2～3か月くらいかかります。

■種木のつくり方、さし木

さし木法はさし芽法ともいわれますが、この方法の長所は、親木の性質をそのまま受け継ぐことができる点にあります。

また、さし穂が多く用意できれば数多くの苗を育てることができ、実生より年数がかからずに素材が得られることなども長所としてあげられます。

一方、さし木の短所は実生ほどではないにしても、大きく太くなるのに年数がかかること、さすときの角度によって、芽の方向、立ち上がりや枝の角度などに問題が生じるものができることがあるので注意します。

さし木に適した樹種はエゾマツ、トショウ、スギ、ヒノキ、シンパクなどで、多くの人がさし木法で種木をつくり出しています。

さし木の方法として注意したいのは、まず、さし穂は成長した盆栽から取ったり、庭木などの木からも利用できますが、生命力のおう盛な新しい枝を選ぶことです。このようなさし穂は発根力が強く、活着後の成長もよく、根の生育も活発です。このため、さし穂には木の頂部や張り出した枝の先端の葉色のよい部分を使うようにします。

さし穂の長さは5cm以内の小さめのものがよく活着します。欲ばって10cmぐらいの大きな枝をさしてもほとんどが枯れてしまいます。また、細かな葉のものは小さなさし穂でさします。

さし穂のつくり方も大切です。穂の切り口をよく切れる刃物を使って、切り口がつぶれないように切り直します。なお、きれいな水に20～30分つけて、水あげをしておくと活着率も上がります。

さし木の適期は春ざしと梅雨ざしに分かれます。春ざしは1～2年を経た枝を3月中旬～4月上旬の新芽がくり出す前にさします。また、梅雨ざしは新芽が固まった枝に前年枝を少しつけて、5月下旬～6月中旬

種木のつくり方［3］とり木（例・スギ）

とり木は成長した幹や枝にかけるので，繁殖法のなかで最も早く仕立てられる方法です。また，スギは松柏類のなかでも活着率が高く，とり木による素材入手が容易な樹種です

❶ スギ素材作業前。樹高約150cm で，このままでは盆栽にならないのでとり木をかける

❷ とり木位置。スギは直幹が原則なので，幹の曲がりの上に行う

❸ 環状剥皮作業。鋭利な刃物を使用して木質部まで環状に削る

❹ 環状剥皮作業終了。形成層が残っていたりすると根の発根が一方にかたよるので，きれいに削る

❺ 水で練った赤玉土を剝皮部分に塗る。活着率を高め，根をまんべんなく発生させるコツ

❼ 水ゴケはビニールをかぶせてテープで固定

❻ 水ゴケで覆う。保水性をよくするために水ゴケでとり木部分を覆って保護する

❽ 固定部に排水用の穴をあけ下部をハサミで少し切る

❾ とり木作業終了後。鉢土ばかりでなく，とり木部分にも水やりを怠らないで切り離しの適期を待つ

にさします。

さし床はあまり深くない中深の鉢か木箱になります。鉢の場合は素焼きのほうが温度や水の調節がうまく行えます。

用土は水はけがよくて適当な保水力があり、空気の流通のよいものが理想的です。また無菌で肥料分が含まれていないことも大切な条件です。赤玉土7、砂3ぐらいの配合土で、みじん粉をふるって抜いたものを使います。底にはゴロ土を少し敷いて水はけをよくしておきましょう。

さし方は葉の表を上にして斜めにさしますが、はしなどで穴をあけておき、さし穂をさしていきます。間隔は葉と葉が触れない程度でよいでしょう。さす深さはさし穂の$\frac{1}{2}$〜$\frac{2}{3}$ぐらいが土の中に入るようにします。さし終わったら十分に水をかけてやりましょう。

その後の管理として注意したいのは、根のない枝を生かしていくので日当たりのよい場所は避けて、朝日が2〜3時間当たるぐらいの場所で風の当たらないところに置くことなどです。

1日に2〜3回葉をぬらす程度の水をかけて乾きから守ってやります。また、発根まで1〜2か月かかりますが、梅雨ざしのほうが早く発根します。気温が発

種木のつくり方［3］とり木　針金の結束法

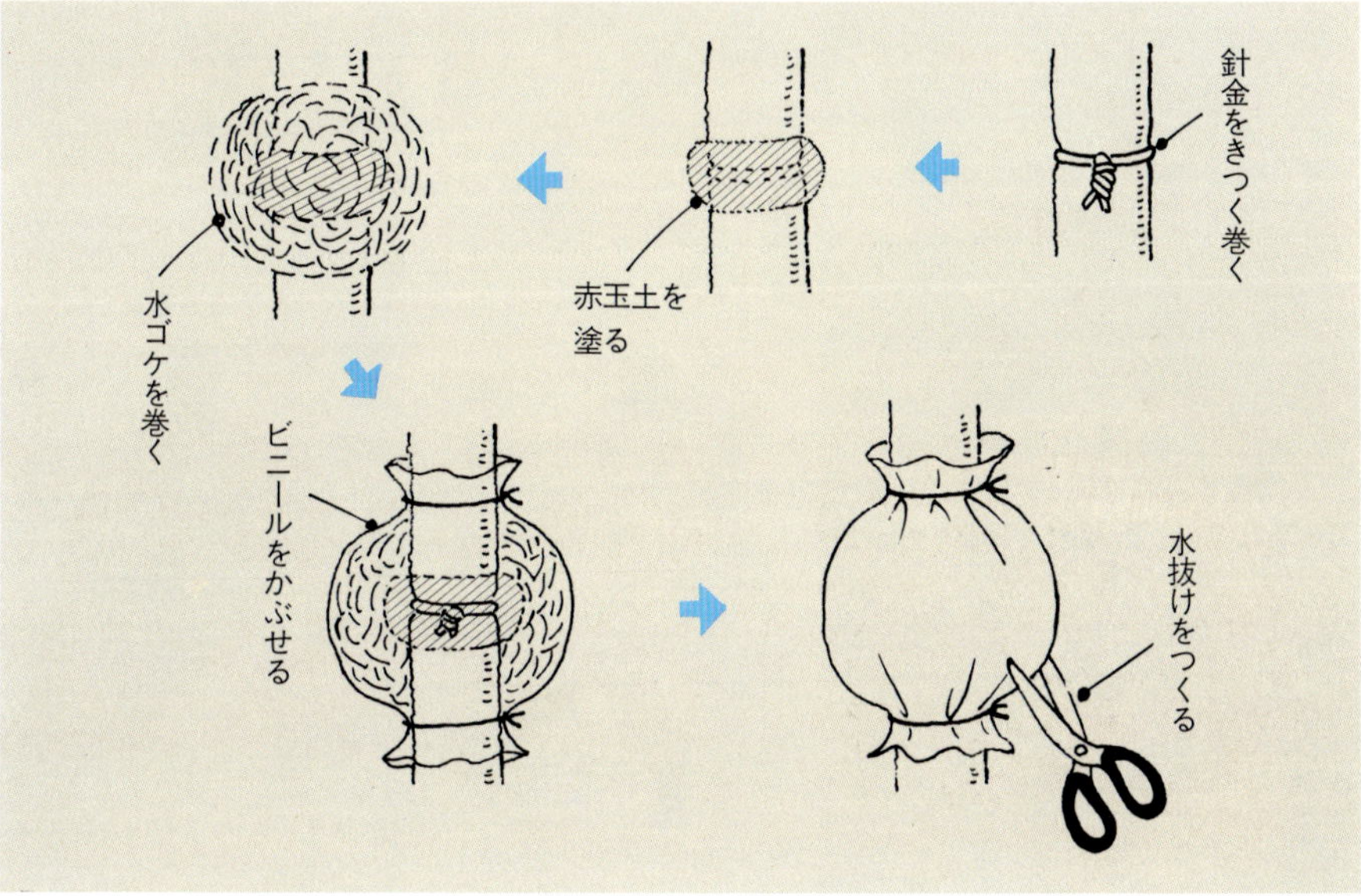

根に適しているからです。

■種木のつくり方、とり木

盆栽の樹芯部や枝先、庭木の枝などで、素材になるような部分にとり木をかけて種木とする方法です。

とり木の長所は、さし木、実生より太い幹や枝に発根させることができ、比較的早く盆栽として観賞できることです。

短所は、さし木や実生ほど多くの素材を得られないことや根の出にくい種類があること、老木は難しいこと、失敗すると修復が難しいことなどがあげられます。

適期は木の成長が盛んになる春～梅雨期が最適です。とり木の方法としては環状剥皮と針金による結束法があります。雑木では2～3か月で切り取れてしまうものですが、松柏は1～2年かかるものが多く、まれには2～3年もかかるものもあります。

そのため松柏のとり木は針金結束法が多く行われます。若木の場合は環状剥皮でもよく発根します。

とり木では切り離しの時期が大切になります。発根してもビニールの中に十分新根が回るまで待ち、翌年の春に切り取るほうが無難でしょう。あわてて早めると失敗の元になります。根元の水ゴケは切り取った翌年の根が固まってから取り去ることにしましょう。

●とり木の切り離し（例・スギ）

とり木の切り離しはあせらず，あわてずに十分な発根を確認して行うのが失敗を少なくする最良の方法です。急がなくても，とり木に成功すればほかの繁殖法より時間をかなり短縮しての種木の誕生になる

❶ 発根の確認。白根が勢いよく伸び出して，切り離しができる十分な発根が見られる

❷ ビニールを取ったとり木部分。多数の白根が伸び出ている

❸ ノコギリでの切り離し作業

❹ 切り離し作業終了。素材の樹高が半分ほどに詰められた

❺ 植えつけ作業。1年後に植え替えを行い，とり木用の水ゴケは取り除くようにする

❻ 植えつけ作業終了。木が動かないようにテープで固定する

❼ 徒長枝の剪定。根が少ないので徒長枝を剪定し負担を軽くしてやるとよい

盆栽鉢の形いろいろ

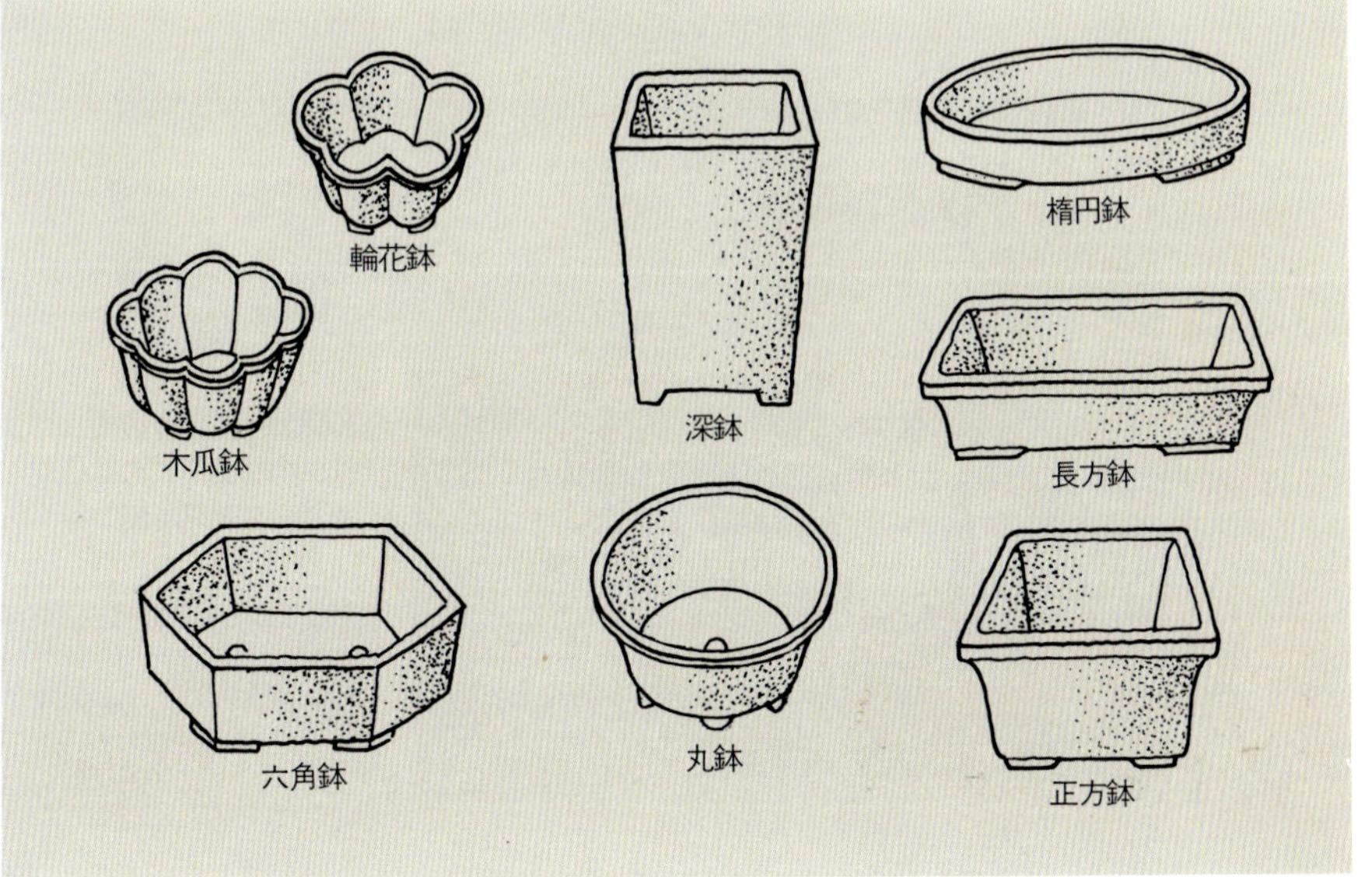

鉢の種類と鉢映り

盆栽は木、用土、鉢の3つから成り立っています。鉢には用土とともに木の生命が託されているのはいうまでもありませんが、それぞれの盆樹に似合い調和したものを使えば、その木の持ち味が生かされ、格調の高い気品のあるものとなります。

盆栽鉢の種類

盆栽鉢は大きさ、形、製法による質感などの違いによって使用目的が異なり、松柏盆栽に使う鉢だけでもさまざまなものがあります。

苗木を養成するビニールポットから、仕立て用の素焼き鉢、展示会などに出品するときに用いられる観賞鉢などがあり、産地によってもそれぞれ特徴があり、そのなかから選んで使用されます。

●大きさ　小品盆栽用の小鉢から、左右奥行きが1m以上に及ぶ大鉢までさまざまなものがあります。木の大小によって似合う鉢を選択していくのは当然ですが、初心者ですとどうしても大きめの鉢を選択しがちです。盆栽鉢は木に対して少し小さめのものが似合うことが多いといえるでしょう。

●形　長方形、正方形、楕円形、丸形、木瓜式(もっこうしき)、輪花(りんか)

●盆栽鉢「泥もの」の色合い

古渡烏泥長方

白泥釘ぼり絵長方

紫泥変わり鉢

朱泥袋式楕円

式、六角、八角などがあり、この8種類が基本の形となっています。それぞれに、大小、深浅、足の形、縁があるかないかなどの違いがあります。さらに、これらの形にあてはまらないものもあって「変わり鉢」とも呼ばれています。

●製法　鉢は製法によっても分けられます。まずは陶器と磁器があり、陶器は泥ものと釉薬ものに分けられます。泥ものとは釉薬を使わず、高温で硬く焼いてあります。主に松柏盆栽にはこの泥ものが使われるといってよいでしょう。釉薬ものは陶器に限らず、磁器の鉢も見られますが、松柏盆栽ではスギなどに白交趾と呼ばれる中国製の釉薬ものの陶器鉢が使われます。

●産地による違い　盆栽も国際化の時代ですので、鉢も世界各国で生産されていますが、日本の盆栽界では中国製と日本製が使われています。中国は世界に冠たる焼きもの生産国で、鉢も古くから焼かれています。中国鉢のなかでは古渡りと呼ばれる300年以上も前に製造された鉢があり、すぐれた材料と技術で、形、質感、焼き肌、色合いなど、すばらしい名品が数多くつくられ現在にいたっています。

泥ものでは微妙な色合いを分類して烏泥、朱泥、紫泥、紅泥、白泥、梨皮泥などと呼んでいます。釉薬も

直幹の似合う鉢。この木のように直線を強調する直幹木では角のある長方，正方のものを使って堅さを強調。また，直幹は樹高に合わせた薄めの鉢を利用する

文人木の似合う鉢。やわらかさを強調するために丸か多少くずれ気味の皿鉢を使う。文人木は背が高く，細めのものが原則なので，薄めの鉢を使うことが多い

のも、その産地や色彩によって区別し、白交趾、均窯（きんよう）、広東（カントン）などと呼ばれています。

日本鉢は常滑（とこなめ）、信楽（しがらき）を中心に大量に生産されています。種類も多く、古くから使われていた中国鉢にも技術的に引けをとらない見栄えのよいものも多くなっています。

■鉢映り

盆栽は日ごろの丹精によって、次第に木の風格が高まってきますから、最も適した形、色合い、大きさの鉢を選んで植えつけてやり、調和と品位を保つことが大切です。木と調和する鉢を選ぶかどうかによって、樹格を大きく左右することがあるので、選択には細心の注意をはらう必要があります。

ところが、どのような鉢がどのような樹形の木に似合うかは、たいへん難しく、判断に迷うことが多いといえるでしょう。

鉢映りの基本は、第一に木と鉢が独自に存在するのではなく、両者が一体となって調和することです。

次に松柏盆栽を植えつけるときに、樹形による鉢の選択の基本をまとめてみました。

●直幹　長方形や楕円形のやや浅い鉢がよく、幹が太めの木にはやや深めの鉢にします。

楽しみ方

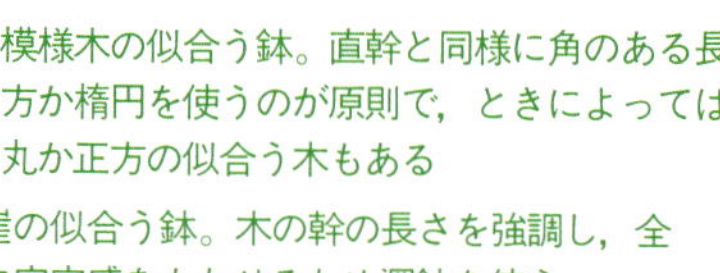
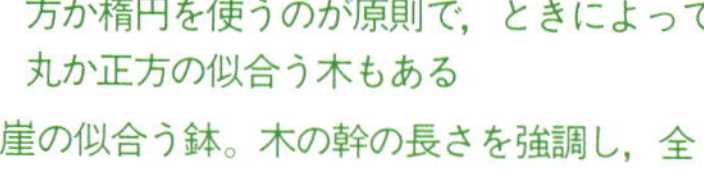

模様木の似合う鉢。直幹と同様に角のある長方か楕円を使うのが原則で，ときによっては丸か正方の似合う木もある

懸崖の似合う鉢。木の幹の長さを強調し，全体に安定感をもたせるため深鉢を使う

斜幹風立ち木に似合う鉢。このような木は多少厚めの鉢を選び重厚さを出している

●**模様木**　長方鉢や楕円鉢が一般的です。ただし、その木の持ち味によっては丸鉢や正方鉢でも木が引き立つ場合があります。幹の太細によって鉢の深さ、浅さを決めましょう。

●**株立ち**　長方鉢、楕円鉢の浅めのものがよいでしょう。幹の太いものは縁があるものが引き立ちます。

●**寄せ植え**　長方鉢、楕円鉢の浅いものが似合います。細幹ものでしたら、ごく浅い鉢のほうが風情があります。

●**懸崖**　正方、丸、六角、八角などの深鉢がよく似合います。深鉢は重い感じがするので、木とのバランスも大切になります。

●**文人木**　細幹で、やわらかな樹形なので、長方鉢、楕円鉢、丸鉢の浅めで小さめのものが似合います。形のくずれた変わり鉢を使ってもおもしろいでしょう。

以上ですが、幹の太い木には深めの重量感のある鉢、幹の細い木には浅めの軽い感じの鉢を選ぶことになります。鉢と木を調和させるには植えつける人のセンスが問われます。有名展示会や各地の展示会で目を養い、先輩たちの意見も聞いて自分のセンスを磨くことも大切です。

エゾマツ寄せ植え。樹高118cm。平石に寄せ植えし，北国のエゾマツ林をほうふつとさせる

創作盆栽

■寄せ植え

寄せ植え盆栽とは、複数の木を浅い鉢や平石に植え込んで、自然の風景の一端を表現するものです。海岸の松並木や平地の雑木林などに思いをめぐらせながら、自分の構想で創作するのはとても楽しい作業ともいえます。

●素材の準備　複数の木を植え込む寄せ植えは、植えつける本数より3割ぐらい多く素材を用意しましょう。そして、中心となる主木をまず選びます。素材のなかで一番大きく、太い木を1本選びます。次に副幹として、主木より小さめの木を選びます。さらに副幹より小さな木を添えとして選ぶことになります。一番単純な寄せ植えはこの3本寄せ植えですが、単純であるだけに難しい、基本となる寄せ方といえます。盆栽では植える数は奇数がよいとされていますが、10本以上の場合は考える必要はないでしょう。

なお、木の高低や太細に変化をつけると、強弱のアクセントがつき、メリハリのある寄せ植えとなります。

●植え込む前の作業　不要な枝の整理をしておきます。数が多い場合ほど、重なり枝が多くなるので枝抜き(剪

八房エゾマツ石つき。石とも高さ30cm。20年以上を経て石と木が一体に調和

定）をし、必要ならば幹や枝の針金かけを行い、おおまかな樹形づくりをしておきます。植え込んでからでは木が動いてしまい、作業が行いにくいからです。また、寄せ植えは、浅鉢や平石に植え込むので、根の整理も同時に行います。

●植え込み時の注意点　自然味があり、部分的に変化のある風景を表すには、正面や裏、さらに左右から見ても重ならないように植えることが大切です。また、幹と幹の間隔に変化をつけたりします。主木の位置は鉢の半ばからずらして、$\frac{1}{5}$～$\frac{1}{3}$くらいの位置に使うと、右流れ（鉢の右に余白をあける）、左流れ（鉢の左に余白をあける）がはっきりし、景色に広がりのある寄せ植えになります。

●適期　3月中旬～4月中旬で植え替えの時期がよいでしょう。

●樹種　エゾマツ、トショウ、スギ、アカマツ、カラマツなどがよく寄せ植えにされます。

●作業後の管理　幹や枝も剪定、針金かけなどを行い、根も切られている状態なので、木にかなりの負担がかかっています。10日ぐらいは室内に置き、葉水を1日数回かけてやります。その後、明るい日陰の場所に10日ぐらい置き、徐々に日光に当てていきましょう。

■石つき

石つき盆栽とは、石に木や草などを植え込み、渓谷や海岸などの断崖に生える植物のさまざまな風景を表した盆栽のことです。

木と石の組み合わせは自然にもよく見られるせいか、うまく調和し盆栽だけではなく庭園でもなくてはなら

ないものです。

●**2種類の石つき盆栽**　一つは、石にケト土などを使って根をつけて植え込み、石の上だけで培養するもので、石が鉢の役割をしているものといってもよいでしょう。これを飾って楽しむときは水盤に置いて飾ります。これは、海岸や渓谷を表現するためです。

もう一つは、木の根を石につけたものを鉢に植え込み、伸びる小根を鉢の中の土で培養するものです。

●**石の種類**　立った石、平らな石がありますが、立ち石のほうが断崖の風景を表現しています。石肌は凹凸の変化のあるものが土もつけやすく、自然の景観を出しやすいでしょう。平石は鉢では出せない変わった景を演出できます。盆栽を植える鉢を選ぶときに、鉢映りが大切なように、石つき盆栽も木と石の調和が大切なことはいうまでもありません。力強い石は力のある木、線の美しい石には美しい幹味の木など、組み合わせによって、変わった味わいにおもしろさがあります。

よい石つきをつくるには、石の選定が大切ですが、石を見る眼を養うのも大切です。

●**石つきに向いている樹種**　石と一体となって一つの風景を出すために、葉の細かい樹種がふさわしくなります。ゴヨウマツ、エゾマツ、トショウ、シンパクなどがよく用いられます。

●**適期**　新芽がくり出す前の3～4月が適していますが、梅雨時でもよいものはトショウ、シンパクなどで、植え替えの適期と同じでよいでしょう。

●**作業のポイント**　まずはケト土5、赤玉土5を混ぜて団子をつくっておきます。木は根をほどき、強く伸

●創作盆栽（例・シンパク）

石つき盆栽は木と石の調和が大切な景の創造。それゆえに，作者の美的センスが問われるもので，安価な素材を用いても配植しだいでは美しい構成美を演出できる

❶ 石つき盆栽用の竜眼石。石だけでも岩壁の景を連想する立ち石に，シンパクを配植して創作する。石の形をよく観察し，配植する場所を選ぶ

❷ シンパク素材。さし木20年生，樹高15～20cmのものを用意

❸ 石づけ用の用土。赤玉土5、ケト土5の割合で練り合わせる

針金固定剤散布。素材固定用の針金をつけるため，セメントなど固まりやすい粉を配植場所に盛る

針金どめ。固定剤の上に針金を置き，瞬間接着剤でとめる

シンパク素材の配植位置を確認。針金整姿したシンパクを配植位置に置き，景の確認を行う。木と石の流れ，大きさなどを考えて検討する

配植方法の確認。配植位置が決定したらシンパクを根ほぐしして，どのように石につけるかを決める

びた根を整理しますが、残した根の長いものは切らずにおき、石につけるときに石の溝などに添わせて、その上にケト土を団子状にしたものをつけて押し込みます。根を傷めないために乾かないうちに素早く行います。また、石に根をしばるために、石に針金を固定しておきます。石と針金をつける接着剤が売られているのでこれを利用します。

さらに、ケト土で植え込みが終わったら、すぐコケを張ります。ケト土がむき出しだと、水やりのときに流れてしまうからです。

●添え草の植えつけ　さし木をしておいた小さなミヤマキリシマやウンゼンツツジなどを、あしらいにつけてやると添えになり、趣があるものです。

●作業後の管理　寄せ植えの管理に準じますが、石の上の根は土が少ないので、乾かないうちに水かけを行いましょう。作業後の針金かけは木を傷めるので、秋まで待って行います。

なお、このような立ち石につけられたものでは植え替えを行わず、そのままで持ち込むのが原則になります。石につけてからしばらくすると木が石になじみ、1年よりは2年、2年よりは3年と時間をかければさらに見栄えのする石つき盆栽になります。

配植の最終確認。ケト土を塗った上にシンパク素材を置き，木の高さなど石との調和を見る

配植作業の実際。❾石つきの場合は根張りの様子が観賞のポイントになるのでていねいに根を広げるように配植。❿さらに木が動かないように石に取りつけた針金でしっかりと木を固定し、⓫その上にケト土を塗って仕上げていく。⓬ケト土は厚めに塗ると見栄えが悪いので薄めにていねいに行う

シンパク素材の配植終了。石と木の調和を考えながら同様の手順で配植

1本目の素材配植後。石つきの手順は上から下への順序で行っていく

⑮ コケ張り。古さを演出し，石と木の一体感を出すためにピンセットでコケを張る。石つきは土が少ないのでコケは培養上にも効果的

⑯ 石つき作業終了。添えにミヤマキリシマを配植して作業終了。2～3年持ち込めば、さらに木と石が調和してくる

盆栽の飾り

盆栽づくりとは、最終的には何を目的に行っていくのでしょうか。それは長い年月、丹精込めて整った樹形に仕上げ、調和のとれた鉢に植えた盆栽を眺めるためといっても過言ではないでしょう。

そして、この愛樹をめでるということは自分一人だけとは限りません。室内に盆栽を飾りつけ、家族に見てもらい、さらに友人たちを招いたりして盆栽談議に花を咲かせながらの観賞という場合もあるでしょう。ですから、盆栽を楽しむためにはつくり方とともに飾り方を知っておく必要があります。

■床の間飾り

室内で飾るときは、床の間飾りの基本を知っておくとよいでしょう。

盆栽を観賞する場合には、幹の中心部分が目の高さにくるのが、全体の姿を見るうえで最も理想的とされています。

和室に飾った盆栽は正座をして観賞するのが普通ですから、正座したときに幹の立ち上がりが目の高さにくるような調節が必要になります。

これは床の間に、机卓（盆栽を飾る陳列台）を置いて、幹の中心部分が目の高さにくるように、高めの卓や、低めの卓を使って調節することが必要になります。

床の間飾りは、主木と添えによって構成されます。主木は、松柏、雑木のどちらでもよいのですが、季節感を出すように飾ることが大切です。ところが、松柏が主木だと季節感を出すのが難しいので、添えに季節

春の床飾り。主木ゴヨウマツに春の季節を表現する風景画。添えにイタドリを配して春らしい飾りになった。ゴヨウマツの樹高80cm

冬の床飾り。同じゴヨウマツに寒スズメの絵が描かれた掛軸，台座つき遠山石を配し冬枯れの季節を表現した。このように松柏盆栽は添えによって季節感が異なってくる

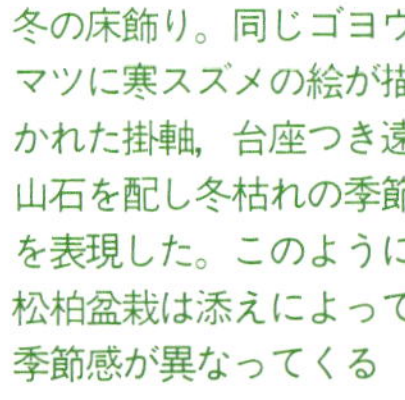
秋の床飾り。添えは水溜り石と秋を表現するフイリカリアス。上の遠山石とこの水溜り石はいずれも水石で，松柏に限らず盆栽と組み合わせて飾りに使われることが多い

感を与える雑木や草もので演出します。

添えは主木より背が低く、小さいものが原則で、主木と添えの大小に気配りをしなくてはなりません。

鉢も泥ものに対し釉薬もの、長方鉢に対して丸鉢などというように使い分けて、変化をつけることも大事なことです。

つまり、主木と添えの関係は大と小、強と弱、さらに動と静など、相反しているほうがお互いを引き立て合うことになります。

また、盆栽には右流れの木と、左流れの木がありま す。主木は床の間の内側に向かうよう右流れの木は左側に飾り、左流れの木は右側に飾ります。そして、添えは主木の反対側に飾ることになるのです。添えの流れも重要で、やはり床の間の内側に向かうように飾り、主木と添えが向かい合うように飾りつけましょう。

また、盆栽を飾るときには掛軸や屛風を使うこともあります。掛軸や屛風も季節感が大切ですが、盆栽と、調和し、盆栽を引き立てるあっさりしたものを使います。

■展示会での飾り

同じ室内での飾りといっても、展示会などでは長い陳列台を一間（約180 cm）ぐらいに仕切り、これを一席

屏風を利用した夏の床飾り。主木はアカマツで添えに屋久島ススキを配して季節感を出した。掛軸ばかりでなく屏風を配してもまた違った趣で盆栽が引き立つ例である

として飾られることが多いようです。このように限られたスペースでの飾り方は、床の間飾りと違った気配りも必要です。

つまり、数多くの盆栽を一列に並べるというような雑な展示ではなく、一席の中に、一つの風景を表せるような構成が望まれるでしょう。ゆとりをもった、風流な雰囲気を出した飾り方をしてこそ観賞者も感動をもつのではないでしょうか。

■インテリアとしての飾り

最近の家屋は、洋間が主流となってきましたが、盆栽を飾ろうと思えば玄関の棚や応接室の飾り棚、居間の片隅など、飾る場はいくらでもあります。

インテリアとしての飾りの場合でも、幹の中心が目の高さにくるのが理想的です。洋間に飾るときは、イスに座って眺めるわけですから、飾り位置も高くなります。卓を使うときには背の高い懸崖卓を使うと幹の中心が目の高さになって見栄えがします。また床の間飾りでは添えにあたる置物なども、盆栽に合うものを使うといっそう引き立つでしょう。

和風の部屋に飾るときにも、床の間飾りの基本を生かしていきましょう。これも飾り方をそれぞれ工夫したいものですが、盆栽をさりげなく縁台に置くなどの、気どらない演出をするのも楽しい飾り方です。

■戸外での飾り

盆栽を飾るのは、なにも室内だけとは限りません。盆栽の置き場である戸外の棚場も、考えようによっては盆栽の陳列場でもあるわけです。

置き場に懸崖台をつくったりして、高低のある棚の配置をするなど工夫すれば、盆栽を培養しながら観賞することもごく自然に行えることでしょう。

日当たりや通風など、培養の条件を考えながら、観賞も同時に行える環境づくりにアイデアを生かすのも盆栽の楽しみ方の一つとなるはずです。

■飾ったあとの管理

盆栽を室内に飾り観賞したあと、戸外に出して、日光に当ててやることが望まれます。

ところが、寒い冬期には室温と戸外の気温との違い

に注意しなくてはなりません。冬期に暖房の効いた暖かい部屋に飾った木を、いきなり寒い戸外に出すと、人間でいえば、かぜをひいた状態になってしまいます。植物は、温度の急激な変化には、とても弱いものだからです。

このようなときは暖房の効いていない室内で4～5日置いてから、戸外へ出してやりましょう。

なお、冬期以外でも、まず日陰の戸外に出し、徐々に日光に当ててやるようにします。

また、室内での飾りは、なるべく短い日数ですますように注意しましょう。日当たりのない、換気の悪い場所は、一部の日陰を好む植物を除いては最悪の環境なのです。特に松柏類は日当たりを好む樹種が多いので要注意です。

冬期は凍結のおそれがあるので別ですが、数日飾り続けるときは、夜間だけでも戸外に出し、外気に当ててやりましょう。

脇床に飾られたエゾマツ双幹。さりげなく置かれているが和風の建物と調和して風情にあふれる

初心者のための松柏盆栽用語解説

盆栽をわかりにくくしている原因の一つに、その独特の言葉使いがあげられます。ここでは盆栽界で使われる松柏盆栽に関する用語を解説します。

●あ行

秋肥（あきごえ） 秋に施す肥料のこと。耐寒力をつけるとともに、翌春の芽出し時の作柄を向上させる。

筏吹き（いかだぶき） 横倒しにした幹や枝から数本の枝を立ち上がらせ、幹が林立しているように見せること。筏づくりともいう。

石付き（いしつき） 石に木を植えつけて見せるもので、木の根をケト土で石の上につけたものと、石につけた根を土中に這わせたものの2種類ある。

一の枝（いちのえだ） 根元に一番近いところについている枝のこと。上にいくにつれて二の枝、三の枝という。

忌み枝（いみえだ） 木姿を乱す逆枝、腹枝、立ち枝などの総称。針金で矯正するか、切り取る。

烏泥（うでい） 中国渡来の陶製の樹盆の一つで、灰色、無釉が特徴。数が少ないため貴重品とされている。

枝打ち（えだうち） 幹からの枝の出の位置。幹に調和した部分に出ていれば、「枝打ちがよい」とされる。

枝配り（えだくばり） 枝の配置の仕方をいう。枝順、枝がけともいう。

追い込み（おいこみ） 枝が伸びすぎて樹形が乱れたり木が大きくなりすぎた場合に枝を切り詰めること。小枝を残さないで切ると水あげが悪くなり、芽が出なくなることがあるので注意すること。切り込み、切り戻し、詰め込みなどともいう。

落ち枝（おちえだ） 幹の上方から長く垂れ下がった枝。文人木などに見られるが、弱りやすいので注意が必要。

表（おもて） 盆栽、水石、鉢などの正面。盆栽でいえば枝配りや幹模様などの樹姿が一番美しく見える面のこと。

親木（おやぎ） 繁殖のため、タネやさし穂をとる元の木のこと。

●か行

蛙股（かえるまた） 忌み枝の一つ。幹と枝がカエルが足を広げたような形に分かれてしまうこと。

重なり枝（かさなりえだ） 幹の同じ側から間隔狭く上下に重なるように同じ方向に出た枝。平行枝ともいう。

片枝（かたえだ） 風などの影響で幹の片側にだけ枝が出ていること。

片根張り（かたねばり） 根張りが一方に太くかたよっていること。

株立ち（かぶだち） 根元から5本以上の幹が立ち上がった樹形。

絡み枝（からみえだ） 枝と枝、枝と幹が絡み合っていること。枝が交差しているように見える場合は交差枝という。

閂枝（かんぬきえだ） 幹の同じ高さのところから左右対称に出た枝。

利き枝（ききえだ） 枝のなかで最も強く長い枝のこと。効き枝、力枝ともいい、樹形を決定する重要な枝。

利き根（ききね） 根張りのなかでも特に強くしっかり張った根のこと。樹形の構成に重要な役割を果たす。

犠牲枝（ぎせいし） 幹や枝を太らせて樹形をつくる際、バランスをよくするために必要のない枝を伸ばして成長を調節する。この枝のことを犠牲枝という。

逆枝（ぎゃくえだ） 外に向かって伸びた枝が、途中から幹のほうに向かって伸びてしまうこと。戻り枝ともいう。

曲（きょく） 幹や枝の曲がり（模様）のこと。

霧水（きりみず） 噴霧器で葉に行う灌水。植え替えた木や弱った木など、鉢土への灌水とともに行うと活着率がよくなる。

切り戻し（きりもどし） 追い込み、切り返しと同じ。樹形を整えるために枝の途中で適当な長さに切る。

食いつき枝（くいつきえだ） 葉のつんだ枝が幹に密着するようについていること。太枝では表現できない新しい息吹を感じさせる。

車枝（くるまえだ） 1か所から放射状に出ている複数の枝のこと。車輪のように見えることから車枝という。

芸（げい） 盆栽、水石の見どころ、観賞のポイントのこと。

化粧鉢（けしょうばち） 釉薬鉢のこと。観賞期の盆樹に用いられる。

ケト土（けとつち） 植物が堆積して泥炭化した粘質の土。石つきに用いられる。

懸崖（けんがい） 幹が幹元から下垂し、枝が根よりも低く垂れ下がった樹形。

交差枝（こうさえだ） 枝と枝が交差しているように見える状態。このうち、枝と枝、枝と幹が絡み合っているような場合を絡み枝ともいう。

高卓（こうしょく） 懸崖卓とも呼ばれ懸崖、吹き流し、半懸崖などを飾る。約50㎝～1ｍある。

甲羅吹き（こうらぶき） 根元がカメの甲羅のように盛り上がり、そこから複数の幹が立ち上がっている樹形。

こけ順（こけじゅん） 盆樹の幹、枝が上に行くにしたがって細くなること。

腰水（こしみず） 水を入れた容器の中に盆樹を入れ、根から水を吸わせる方法。夏場乾きやすく、水を多く必要とするフジやヤナギ類に適している。

古渡り（こわたり） 中国製の鉢で、清朝末期以前につくられたものを指す。観賞価値の高いものが多い。

●さ行

座（ざ） 根張りの周囲。

逆根（さかね） 外側に伸びた根が途中から逆戻りすること。

下がり枝（さがりえだ） 幹や横に伸びた枝から垂れ下がっている枝のこと。

差し枝（さしえだ） 下のほうにあって長く張り出した枝で、樹形を引き立てる。

捌幹（さばかん、さばみき） 幹の表皮の一部が剝がれ、木質部が露出して古色を呈したもの。

寂（さび） 侘びと並んで、盆栽を育てるうえで重要な概念の一つ。

猿棒（さるぼう） 垂直に立てた柱の上に平板を水平につけてつくった培養台のこと。

三幹（さんかん） 1つの樹の根元から幹が3本立っている樹形。

地板（じいた） 盆栽や草ものを飾るときに用いる敷板のこと。

時代（じだい） 盆栽や水石、その付属品などに長い年月かかって古色（古み）がつくことをいう。

仕立て鉢（したてばち） 木姿が定まらない仕立て中の木に用いる鉢。素焼きで通気性にすぐれ培養に適している。

紫泥（しでい） 中国製の鉢の一つ。無釉でアズキ色のもの。

斜幹（しゃかん） 幹の曲がりが少なく左右どちらかに傾いた樹形。幹筋が美しい。

シャリ幹（しゃりかん） 幹の一部が枯れて木質が露出した状態。自然のものではトショウ、シンパク、ウメなどに見られるが、盆栽では古色を与えることから人工的につくられることもある。

樹格（じゅかく） 盆樹に備わっている品や風格のこと。

樹勢（じゅせい） 木の生育状態。

朱泥（しゅでい） 無釉で朱色の陶製鉢。

主木（しゅぼく） 寄せ植えなどで中心と

なる太く丈の高い木をさす。株立ちの場合は主幹という。

卓（しょく） 盆栽の陳列に用いるテーブルのこと。一般には4本足で長方形や正方形のものをいう。

白交趾（しろこうち） 乳白色の釉薬をかけた中国製の鉢。

芯（しん） 盆栽の頂部を指す。樹芯。

ジン（じん） 枝の一部、あるいは全部の樹皮が剝げて木質化した状態のこと。

水盤（すいばん） 浅い陶磁製の器で、石つき盆栽などの観賞に用いられる。

整姿（せいし） 盆栽の樹形をつくること。剪定や芽摘み、針金かけなどを行う。整形ともいう。

席飾り（せきかざり） 盆栽の飾り方で背景を立て、掛軸や香炉、水石などとともに飾ること。

節間（せっかん） 茎上の葉がついている部分を節、節と節の間を節間という。

剪定（せんてい） 樹形の形成、維持のため枝や幹、太い根などを切る作業のこと。

双幹（そうかん） 根元から幹が2本立っている樹形。2本の長短、太細、角度などの調和が大切なポイントとなる。

添え（そえ） 盆栽に添えて飾られる草もの、水石などのこと。主木を引き立て季節感をより強調するなどの役割を果たす。

た行

多幹（たかん） 1つの樹に幹が複数ある樹形。株立ち、根連なり、筏吹きなど。

立ち上がり（たちあがり） 根張りから一の枝までの幹に連なる部分をいう。

立ち石（たちいし） 水石で、ほぼ垂直に立ち崖や岩礁などを思わせる石をいう。

立ち枝（たちえだ） 幹や枝から垂直に伸びている枝のこと。忌み枝の一つ。

立ち木（たちき） 幹が直立した樹形のこと。

種木（たねぎ） 盆栽用に限らず、一般に若い苗のことを指す。

単幹（たんかん） 1本の幹で仕上げられた盆栽樹形。

短葉法（たんようほう） クロマツ、アカマツなどの盆栽で、成長部である新しいミドリを夏期に元から切除して二番芽で葉を短くする方法。

中国鉢（ちゅうごくばち） 明治、大正期の本格陳列には中国鉢のみが使われていた。名品といわれるものが多く、特に古渡りは珍重される。

中卓（ちゅうじょく、ちゅうたく） 卓のこと。高さによって、平卓、中卓、高卓に分けられ、中・高卓は懸崖用に用いられることが多い。

中芽切り（ちゅうめぎり） 伸びすぎた新芽を、元葉2～3枚を残して切ること。

直幹（ちょっかん） 幹が垂直に伸びている樹形をいう。スギが典型的。盆栽では、クロマツ、ゴヨウマツ、スギなどに多く見受ける。

直根（ちょっこん） 幹の真下に伸びている太くて長い根のこと。

付け石（つけいし） 石つきに使う石。

泥物（でいもの） 釉薬をかけていない鉢。主に松柏に用いられる。

摘心（てきしん） 枝の力を平均させるために行う、若芽を摘む作業。

天つぎ（てんつぎ） 成長を早くするために台木の頂部に穂木をつぐ。

胴吹き芽（どうぶきめ） 一般的には幹から新たに出た新芽のことをいう。

徒長枝（とちょうし） 他の枝よりも勢いよく伸びた新枝。樹勢のよい木や若木に出る。

土用芽（どようめ） 春に一度芽吹き、梅雨明けに再び芽吹くこと。落葉樹や常緑広葉樹に見られる。

な行

肉巻き（にくまき） 剪定後の切り跡が癒合した状態。

根上がり（ねあがり） 太い根を表土上に出して幹の一部のように見せる樹形。

根切り(ねきり) 植えつけや植え替え時に根を切り詰めること。その道具。

根腐れ(ねぐされ) 排水不良、灌水不足、肥料などが原因で起こる。多くは枯死につながる。

根連なり(ねつらなり) 数本の幹が寄せ植えのようになっている樹形。地中の根はつながっている。

根張り(ねばり) 地上部と接している部分の根の張り具合。

は行

葉透かし(はすかし) 込みすぎた葉を間引くこと。日照や通風をよくすること。

鉢合わせ(はちあわせ) 木姿に合うよう鉢の大きさや色を選ぶこと。

葉水(はみず) 根にはかけず、葉全体にかける水やりの仕方。

腹枝(はらえだ) 幹がくの字形にへこんだところから出た枝。

蟠幹(ばんかん) 極端な曲がりの多い幹模様が見られる樹形。

半懸崖(はんけんがい) 懸垂した幹の樹芯が鉢の底ぐらいに位置するもの。

引き根(ひきね) 樹木の傾きと反対の方向に強く伸びた根。

吹き流し(ふきながし) 風になびいたように、木や枝が一方向に流れた状態に仕立てた樹形。

不定芽(ふていが) 予定外の位置に出てしまう芽のこと。成長の盛んな若木には特に多い。

太幹(ふとかん) 幹が太い盆樹。どっしりした古木の風格が出る。

文人木(ぶんじんぎ) 細幹で枝数を極端に少なくした風雅な姿の樹形。

本鉢(ほんばち) 木姿の決まった木を観賞するための鉢。

ま行

実生(みしょう) タネから育てたもののこと。自然のものは山実生という。

芽当たり(めあたり) 芽の出る節に判別できる芽が見えること。

芽切り(めきり) 伸びて手で摘めなくなった新芽をハサミで切ること。

芽摘み(めつみ) 新芽があまり伸びないうちに指先で摘み取る作業。

持ちくずす(もちくずす) 木姿を維持できなくなり、枝が折れたり枯れたりして姿が悪くなること。

持ち込む(もちこむ) 木姿を維持しながら長い年月をかけて鉢で培養すること。鉢内で培養を続けると、細根を主体とした根群が形成される。根群が細根主体となると枝は細く、繊細な小枝が多く出て、樹姿全体が引き締まって風格が出る。

模様木(もようぎ) 幹に三~四転の模様(曲)のある木。

や行

役枝(やくえだ) 樹形を引き立て、木姿を決めるのに必要な枝のこと。

焼け込み(やけこみ) 幹の一部が枯れて腐った状態のこと。

八房性(やつぶさしょう) 枝の一部や実生苗などに矮化性が出たもの。クロマツ、ゴヨウマツ、エゾマツ、モミジなどに見られる。

山採り(やまどり) 山で自生している木を採取して盆樹に仕立てること。

ゆすり 木をゆすったように、小さく微妙に曲がついた幹模様。

ら行

梨皮泥(りひでい) 焼き締め鉢の一つで、素地中に梨の皮のような色粒が入っている鉢。

ロウソク芽(ろうそくめ) マツの伸びかけの芽のこと。

わ行

矮化(わいか) 植物を小型化すること。芽摘みや減水などによってつくることができる。実生変化での発生もある。

和鉢(わばち) 中国製に対する日本製の鉢のこと。常滑、瀬戸、四日市、信楽などが主な産地。

小松正夫(こまつ　まさお)

1931年東京都生まれ。
埼玉県大宮の九霞園・村田久造氏の薫陶を受けた後に，蒼松園２代目を継ぐ。現在，日本盆栽協会理事の役職に就くかたわら，NHK「趣味の園芸」の講師などを務め盆栽の一般への普及にも努めている。松柏盆栽のほかにもウメなどをはじめとして幅広い作家活動をしている。NHK出版からも『NHK趣味の園芸　新園芸相談 盆栽』が出版されている。そのほかに『やさしい松柏盆栽』『雑木盆栽』『盆栽培養ハンドブック』『盆栽の仕立て方』(共著) などの著書がある。

家庭園芸百科⑦

初心者のための松柏盆栽

1995年１月20日　第１刷発行
1996年１月30日　第２刷発行

著者　小松正夫
発行者　安藤龍男
発行所　日本放送出版協会
〒150-81 東京都渋谷区宇田川町41-1
電話 (03)3780-3321〈編集〉
(03)3780-3339〈営業〉
振替　00110-1-49701
印刷　凸版印刷株式会社
製本　石毛製本株式会社

Printed in Japan

ISBN4-14-040117-6 C2361

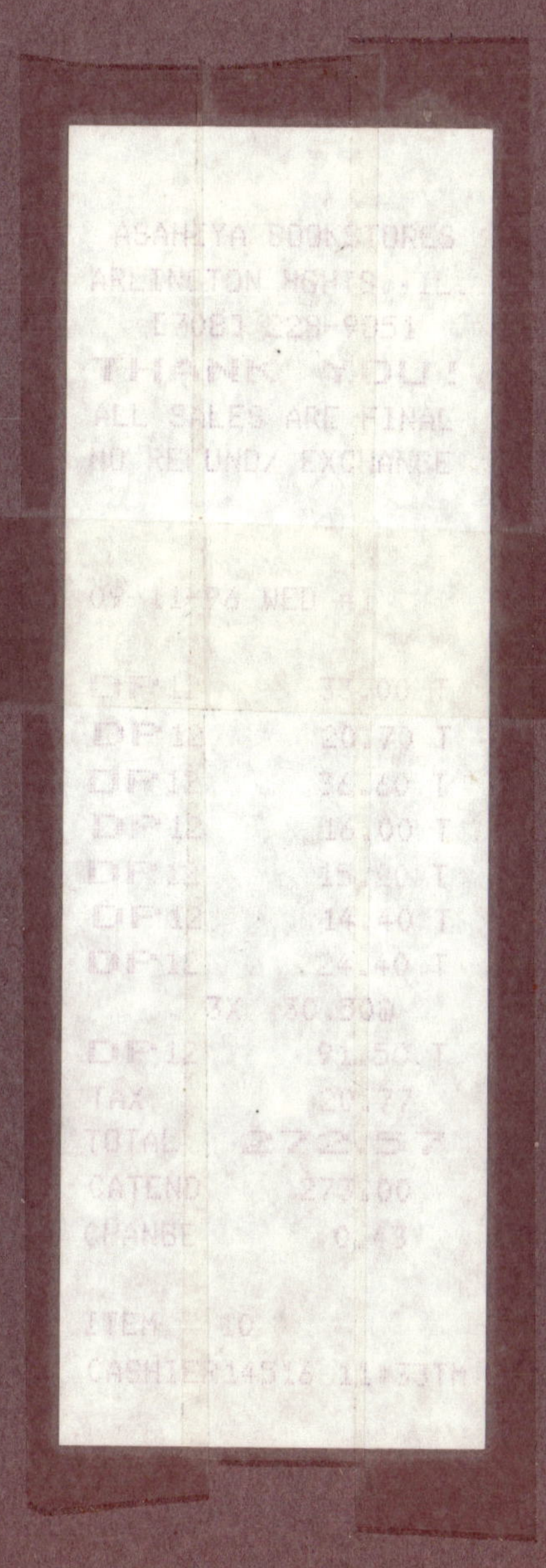

ASAHIYA BOOKSTORES
ARLINGTON HGHTS, IL
(708) 228-9051
THANK YOU!
ALL SALES ARE FINAL
NO REFUND/ EXCHANGE

09-11-96 WED

DP12	37.00	T
DP12	20.79	T
DP12	36.60	T
DP12	16.00	T
DP12	15.[illegible]0	T
DP12	14.40	T
DP12	24.40	T
	3X 30.50@	
DP12	91.50	T
TAX	20.77	
TOTAL	272.57	
CATEND	273.00	
CHANGE	0.43	

ITEM 10

CASHIER 14516 11:33TM